元気で生きる!

危ない! そのダイエットはやめなさい

博士が明かす成功法則

共立女子大学教授
日本肥満学会前理事長
井上修二 監修

柳原出版

はじめに

「ラクして長続きするダイエット」なんてホントにあるの？

あなたは、なぜ太り、なぜやせないのか

人はなぜ太るのでしょうか。「太る」というのは、どういうことなのでしょうか？　その理屈は、とても簡単です。

太るとは、食べものなどでからだに取り込むエネルギー（摂取エネルギー）が、生命の維持やからだの活動に必要なエネルギー（消費エネルギー）より多くなった結果です。

よく食べる人だったり、カロリーの高いものが好きな人が太りやすいと思われがちですが、必ずしもそうではありません。食事の量が多いか少ないか、食べもののカロリーが多いか少ないかということに関わらず、摂取エネルギーが消費エネルギーを上まわっているかどうかが問題なのです。むずかしいことですが、どんなにたくさん食べても、カロリーの多い食べものを好んで食べても、その分がきちんと消費されていれば太らないのです。

太ったりやせられないのは、摂取エネルギーが消費エネルギーを上まわっているからであり、体脂肪を減らすことができないからです。急に摂取エネルギーを減らしても、消費エネルギーを増やす運動をいっしょにしないと、体重の減少は一時的なもので終わります。

あなたは、なぜダイエットに失敗ばかりしているのか

太る理由が、摂取エネルギーが消費エネルギーを上まわるという単純なことでしたら、やせることだってもっと簡単にできてもよいはずです。それなのに、あなたをはじめ、多くの人がダイエットに失敗ばかりしているのはなぜでしょうか。

「これをすれば簡単にやせられる」といった〝お手軽ダイエット〟がとても人気で、次から次へと登場しています。失敗をくり返している人が、目新しいダイエット法があれば、どんどん飛びついているからであり、お手軽ダイエット自体、その効果が一時的なもので、きちんと結果を出すものが少ないからともいえます。

ダイエットは、部分的に太っているところを細くすることでしょうか。どんな方法でもかまわないから、体重を落としてスタイルをよくすることでしょうか。

ダイエットというものは、単純にスリムになるということではありません。あなたのからだのなかから、余分な体脂肪を取り除いて健康的なコンディションにもっていくことであり、その状態を長続きさせることです。これが、〝ダイエットの原点〟なのです。

そのことを忘れて、目先のこと、目新しさに目を奪われて、きちんと結果が出るとは思えないダイエット法に手を出していては、いつまでたってもうまくいきません。

そろそろ本気で、成功するダイエットを

なぜ、ダイエットをして余分な体脂肪を落とさなければいけないのか。その理由は、そうしないと生活習慣病など多くの病気を招きやすからです。

太っているというのは、見た目の問題だけではなく、やせている人に比べて病気になる確率が高くなる危険が潜んでいる状態なのです。しかもやっかいなのは、どのような方法をとっても、体脂肪を簡単に減らすことはできません。

これからダイエットをしようとするあなたに水をさすようですが、これは事実です。生半可な期待をさせてしまうような言い方は、すべきではありません。

私たち人類は、誕生以来食べ物を手に入れることが大きな課題で、長い間飢餓状態を生き抜いてきました。そのために、飢餓に耐えられるようにやせにくい体質になっています。ところが、食べ物が満ちあふれる現代を迎えると、やっかいなことにやせにくい体質がエネルギー過剰に対応することができず、「ちょっと食べすぎただけで、すぐに太ってしまう」という悩みが生まれるようになりました。

お手軽ダイエットは、一週間で五kg、一〇kgの減量をうたい文句にしていますが、短時間にそれだけの体脂肪を減らすのは、計算上からも不可能です。その多くが、宿便をとるか水分を減らして、一時的にやせたように見せかけているだけです。
「また失敗してもかまわないから、ラクしてダイエットしたい」のか、「もう失敗はこりごり。時間がかかっても、きちんと結果を出したい」のか、ここでよく考えてください。

もうそろそろ、即効性を求めることはやめにして、成功するダイエットに本気で取り組んでみませんか。ラクしてやせようという思いは捨ててください。

それには、なぜあなたはダイエットをしたいのか（しなければいけないのか）、モチベーションをはっきりさせなければいけないでしょう。これまでなぜあなたのダイエットがうまくいかなかったのか、失敗の原因をきちんとつきとめることも必要でしょう。ダイエットを長続きさせる工夫も、いろいろ見つけていかなければいけません。

〝ダイエットの原点〟に戻って体脂肪を減らせば、二度と太らないからだになります。本書では、その取り組み方をご紹介しています。楽しみながらも本気で第一歩を踏み出してみましょう。時間は少しかかりますが、ダイエット成功の扉は必ず開かれます。

1章 あなたは、なぜやせなければならないのか
～美容か健康か、ほんとうの目的をはっきりさせる

2章 あなたのダイエットは、なぜうまくいかなかったのか
~ダイエット失敗の原因を探る

3章 あなたは、あふれるダイエット情報にふりまわされていないか
~「単品ダイエット」「部分やせダイエット」を検証する

4章 あなたの常識、間違っていないか
～ダイエットの常識　ウソ・ホント！

1章

あなたは、なぜやせなければならないのか

美容か健康か、ほんとうの目的をはっきりさせる

あなたは、行き過ぎた〝やせ志向〟にとらわれていないか

ダイエットについて、とても興味深い意識調査があります。

二〇〇六年五月、キリンビール株式会社の「キリンお酒と生活文化研究所」が行ったインターネット調査のなかから、女性の意識を中心にまとめたものです。

そのなかで、「自分の体型をどう思いますか?」という質問をしたところ、「太っている」「やや太っている」と答えた人があわせて約六五%もいました。

ところが同じ人に、「国際的に広く使われている肥満の程度の判定指数「BMI値」はいくつですか?」と尋ねたところ、「普通体重」を示す「一八・五以上~二五未満」の人が約六九%、「やせ(低体重)」を示す「一八・五未満」の人が約一五・一%だったのに、「肥満」を示す「二五以上」の人は一五・九%しかいませんでした。

(あなたのBMI値の求め方は、二三ページの計算式を参考に)

つまり、自分は「太っている」「やや太っている」と思い込んでいる女性のうち、BMI値で見る限りは、八四%もの女性が普通体

重かやせだったのです。

このことは、実際には太っていないのに自分の体型を気にしている女性がいかに多いかということを示しています。

「最近、太っちゃったので、ダイエットしなくちゃ」という女性を見ると、プロポーションはよく、とてもスリム。なぜダイエットしたいのか、まったく見当もつかないということはよくあります。

現在の体型に不満をもち、行き過ぎた〝やせ志向〟にとらわれているのは、女性でも年齢が若くなるほど多いといってよいでしょう。

太ってもいないのに自分は太っていると勝手に思い込み、ちょっとでも体重が増えることに恐怖を感じ、ダイエット情報に過剰に、盲目的に反応してしまうのです。こういう人たちにとって、体重は、ふつう（標準）ではダメなのです。とにかく、やせていなければダメなのです。

その背景には、「やせていることは美しい、かっこいい」という〝やせ礼讃〟〝やせ願望〟の風潮があります。

裏返していえば、「肥満は醜い、怠惰、のろま、しまりがない」

などの強いマイナスのイメージがあるからではないでしょうか。

女優の黒木瞳、松嶋菜々子、神田うのや、カリスマ・モデルの蛯原友里、押切もえなどは、理想のスタイルの芸能人として、多くの女性にとっては憧れの的です。テレビや雑誌で見るたびに、「少しでも、彼女たちのようにスリムになりたい」という思いはつのり、やせ礼讃の風潮をさらに助長させています。そのことが、誤ったダイエットに走らせてしまう要因になっています。

とくに、若い女性にとって、一時的にでもやせさえすればよいとする無謀なダイエットは、将来の妊娠・出産に取り返しのつかないダメージを与えます。〝やせ礼讃〟〝やせ願望〟の風潮にただ流されてしまうのは、とても危険なことです。自分の体型を、冷静に正しく知り、必要のないダイエットはしない心がまえが大切です。

美容のためのダイエットと、健康のためのダイエットは違う

同じ調査によれば、ダイエットを始めるきっかけとして、「体重が増えた」や「贅肉《ぜいにく》が気になり始めた」という答えは男女ともに共通しています。

それ以外の答を見ると、男性は「体調がすぐれない」「健康診断

で数値が悪化した」といったように健康管理を気にしていることが目立っていますが、女性は「これまで着ていた洋服がきつくなった」「好みの洋服を着ておしゃれがしたい」といった答えが多く、見た目やファッションを重視している傾向が強く見られます。

そこでまず、はっきりしておかなければいけないことがあります。

「美容のためのダイエットと、健康のためのダイエットとは違う」ということです。

ダイエットという言葉には、もともと「食事療法、制限食、減食」、あるいは「食事を制限する」といった意味があります。最近では、食事制限に加えて、運動などで消費エネルギーを増やしたり、筋肉をつけて基礎代謝量を増やして、肥満を改善したり解消することを意味するようになっています。

ダイエットの目的は、体型を美しく見せるためにただ体重を減らすことだけではなく、健康になるためにからだについた余分な体脂肪を減らすことにあるのです。

いくら体重が減って体型が美しくなっても、顔が青白くなり、フラフラになってしまうようでは、ダイエットといえません。

体重が軽くても肥満の人はいる

ここに身長が一六〇cmの二人の女性がいるとしましょう。一人の体重が五五kg、もう一人の体重が五〇kgだとしたら、どちらの人が太っていますか。

「そんなの、五五kgの人が太っているに決まっているじゃないですか」とあなたは答えるでしょうが、「どちらともいえない」というのが正解です。

私たちのからだは、生命を維持するのに欠かせない活性組織、エネルギーを蓄えておく体脂肪からできています。正常な人は、活性組織は八二%、体脂肪は一八%という重さの割合です。

このうち、体重に対する体脂肪の割合を示したのが体脂肪率で、市販の体脂肪計で目安を知ることができます。毎日同じ時間、できれば夜に入浴したあと寝る前に測るのがベストです。

この体脂肪率が、男性は三〇%、女性は三五%を超えてしまった状態を肥満とよんでいます。

医学的には、体重の多いことがイコール「太っている」ことではありません。あまり強調する必要はありませんが、体重が少なくても、肥満の人はいるのです。

たとえば、活性組織が減少してその分体脂肪だけが増えても体重は正常なことがあります。

また、筋肉が鍛えられて引き締まったからだのスポーツ選手は、活性組織の量が増えて体重が増加しても体脂肪の占める割合が増えているわけではないために、肥満とは区別されています。

逆に、ファッションモデルのようにからだがほっそりしていても、活性組織が少なく体脂肪が基準より多い人のことを肥満とよぶこともできます。

体重だけをみて、ほんとうに太ったのかやせたのかを判断することはできません。

体重計に乗って「何kg減った！」と大喜びしても、実際には何が減ったのかがわからなければ意味がありません。一〇年前から体重が変わらないといっても、安心はできないのです。体重が増えていないからといって、「太っていない」ことの証明にはなりません。

重要なのは、体脂肪の質と量が昔と変わっているのかいないのか、です。ダイエットで落とすのは、体重ではなく体脂肪であり、どこの脂肪を減らすかです。体重、体脂肪率のほかに、ウエストサイズを測ったり腹部CT検査も必要なことをよく理解してください。

体脂肪を落とさないと、どうなるか

別に脅かすつもりはありませんが、もし余分な体脂肪を落とさないままでいると、どうなってしまうのでしょうか。

●生活習慣病にかかりやすい

体脂肪の多い人と正常な体重の人で、どちらが生活習慣病にかかりやすいかを比較したデータがあります。

たとえば、糖尿病にかかる割合は正常な体重の人の五倍、高血圧症は三・五倍、胆石症は三倍、肝硬変は三倍、痛風は二・五倍、

太っていると、こんな病気にかかりやすい……

脳・心臓血管障害は二〜二・五倍、腎臓病は二倍、関節障害は一・五倍、交通事故を起こす割合も一・五倍という結果です。

とくに日本人の場合、脂肪のなかでも内臓脂肪のたまり方と生活習慣病のかかりやすさとの関係が深いことがわかってきました。

さらに、体重と死亡率の関係を示した怖ろしいデータがあります。標準体重よりも体重が二五%以上上まわっている人は、正常な体重の人より死亡率が一・七倍高く、標準体重よりも体重が四〇%以上上まわっている人の死亡率は二・二倍にもなります。

肥満の人は、正常な体重の人と比べて生活習慣病にかかりやすくなり、死亡率が高くなることが証明されています。

●どのくらい太ると、生活習慣病にかかりやすいか

肥満は、国際的にBMI(ボディー・マス・インデックス、ボディー・マス指数)で判定され、どのくらい太ると生活習慣病にかかりやすくなるのかがわかっています(BMIの計算法は二三ページ)。

BMIが一八・五〜二五未満なら正常の範囲内ですが、二五を超

●生活習慣病にかかりやすい危険度

- ●糖尿病=5倍
- ●高血圧症=3.5倍
- ●胆石症=3倍
- ●肝硬変=3倍
- ●痛風=2.5倍
- ●脳・心臓血管障害=2〜2.5倍
- ●腎臓病=2倍
- ●関節障害=1.5倍

えると糖尿病、高血圧症、高脂血症にかかる恐れが二倍になり、その他の生活習慣病にも高い確率で罹患《りかん》の恐れがあります。

身内に生活習慣病の人がいる場合は、さらに要注意です。ＢＭＩ二五以上を肥満として、生活習慣病にかかっていなくても対策を始めること。もちろん、生活習慣病にかかっていたら、病的肥満と考えるべき肥満症として専門医の指導を受けながら、すぐにでもダイエットに取り組むことを、日本肥満学会ではすすめています。

このときの減量目標は、体重の五％です。五％減量するだけで、大部分の人は、生活習慣病の病態から脱することができます。

ＢＭＩが三五以上で、日常生活に大きな影響が出る重症な肥満のことを「高度肥満」といいます。ここまでくると、入院して専門医の指導を受けなければ肥満は解消しません。

●からだに物理的な負担がかかる

太っていて困ることは、まだまだあります。体重が重くなりすぎて、からだに負担がかかってしまう病気です。高度の肥満には次のようなものがあり、症状の正常化には一〇％以上の減量が必要です。

【変形性関節症】

膝や股の関節内の軟骨がすり減り、上下の硬骨どうしがこすれあって痛みを伴う関節の変形を起こすのが変形性関節症。痛みのために歩くことがむずかしくなります。

【不妊症】

月経異常や無排卵月経のため、妊娠できない病気です。

【睡眠時無呼吸症候群】

首のまわりや胸郭《きょうかく》の周囲に脂肪がつきすぎて、寝ているときに気道をふさいでしまい、一時的に呼吸停止を起こしてしまうのが睡眠時無呼吸症候群です。周期的な大いびき、目覚める前の窒息感、慢性的な疲労感、夜間の不眠と昼間の眠気といった症状があり、放置しておくと呼吸停止のため突然死してしまうことがあります。

【ピックウィック症候群】

胸部や腹部に脂肪がつきすぎて胸の動きが制限されると、肺のなかで酸素と二酸化炭素の交換が悪くなり、血中の高い二酸化炭素によって睡眠中枢が刺激され眠くなることがあります。それが、ピックウィック症候群です。意識障害やけいれんを伴うこともあります。

このようにはっきりとした自覚症状があれば、すぐに治そうという気持ちになりやすいのですが、深刻なのは、多くの生活習慣病はその初期の段階では自覚症状がなく、知らず知らずのうちに病状が進行してしまうことです。たとえば、糖尿病によって心筋梗塞や脳梗塞、視力障害（重症では失明）、腎障害（重症では腎透析）など致命的な二次障害を起こしてしまいます。

肥満それ自体が直接の死因にはなりませんが、肥満の程度が高くなればなるほど、病気にかかりやすいことはたしかです。

ただ、救いがあります。ＢＭＩが二五〜二七以内の人ならば、お医者さんにたよらなくても、自分一人でもきちんとしたダイエットはできますし、五％の減量によって体脂肪を落とせば、生活習慣病などのさまざまな症状が正常化するケースがほとんどなのです。

「ここまで太ったら、もうこれ以上太らない」といったボーダーラインはありません。

ダイエットをするなら、肥満の程度が高くなってからより低いうちに始めたほうが成功の確率が高まります。ＢＭＩのチェックで正常の範囲を超えていたら、少しでも早くダイエットを始めましょう。

くり返していいます。肥満というのは単に「見かけ」だけの問題ではなく、私たちの健康に大きな影響を与えているのです。

Column

あなたは、どのくらい太っているのか知っていますか?

健康にとって理想的といわれる体重と身長との関係を示す指数として、国際的に広く使われているのが、BMI（＝Body Mass Index　ボディー・マス・インデックス）です。医学的にも疫学的にも、根拠のある肥満の度合いが判定できるようになりました。

日本肥満学会は、日本人が健康を維持するためにもっとも標準的なBMIの値を、男女とも22と決めています。この値をキープしていれば、肥満による合併症の発症がもっとも少ないといわれているからです。

BMIと標準体重の求め方は下記の通りですが、現在は標準体重にあまりこだわる必要はありません。ムリをして標準体重にまで落とさなくても、体重を5%減らせば生活習慣病の予防ができ、すでにかかっていても正常にすることができるからです。また、10%減らせば肥満の物理的負担による肥満症の病状を軽くすることができます。

ここであえて「治る」という言い方をしないのは、太ってしまえば再び生活習慣病にかかってしまうからです。

BMIが22になったことや、5%の減量で病気の状態から正常に戻ると、ダイエットに成功した気分になる人がいますが、健康にとってその値をキープすることが大切であり、ダイエットはそのための手段です。

現在のBMIや標準体重を知ることは、あなたはどのくらい太っているのか、生活習慣病になる危険性はどのくらいあるのかを知ることです。面倒な計算ではありません。やみくもにダイエットをしなくてすむように知っておく必要があります。

●BMIと標準体重の求め方

BMI＝体重(kg)÷身長(m)÷身長(m)

＜例＞ 身長160cm(1.6m)、体重が60kgの人のBMI：
60÷1.6÷1.6＝23.44

標準体重＝身長(m)×身長(m)×標準的なBMI値(22)

＜例＞ 身長160cm(1.6m)の人の標準体重：
1.6×1.6×22＝56.32kg

BMI	判定
18.5未満	やせ
18.5以上25未満	ふつう
25以上	肥満
35以上	高度肥満

あなたの肥満のタイプは、どちら？

●肥満と肥満症

体脂肪がどれくらい蓄積されているか、その程度で肥満を判定する指数がＢＭＩです。それが、一八・五以上二五未満の場合は正常、二五以上が肥満で生活習慣病直前の状態、あるいは二五以上で肥満に合併しやすい生活習慣病の合併があるか、次にふれる内臓脂肪型肥満のいずれかの状態にある場合は病的な肥満（肥満症）というように区別されます。

下表は、肥満症に含まれる生活習慣病です。ＢＭＩが二五以上で、どれかに合併している場合、食事療法と運動療法を組み合わせて初めに体重の五％減量すると、半分以上の人の症状が正常化します。この五％の減量がうまくできなければ、肥満症薬の助けを借りるのが世界的な方向で、日本でもこのような薬が使えるように臨床試験が進んでいます。

それでも病状の回復が不十分な場合は、糖尿病なら糖尿病の、高血圧なら高血圧の薬を使うのが治療の原則です。

●肥満症に含まれる生活習慣病

［肥満に伴う代謝異常に基づく疾患］ ←5％減量すれば病状が正常化

糖尿病・耐糖能異常、脂質代謝異常、高血圧、抗尿酸血症・痛風、冠動脈疾患・心筋梗塞・狭心症、整形外科的疾患（変形性関節症・腰椎症）、月経異常・不妊症

［肥満による物理的負荷による疾患］ ←10％以上減量すれば病状が軽減

睡眠時無呼吸症候群・ピックウィック症候群、脂肪肝、脳梗塞（脳血栓・一過性脳虚血発作）

洋ナシ型肥満か、リンゴ型肥満か

最近は、肥満の程度だけでなく、脂肪がからだのどこにつくかで生活習慣病にかかりやすいか、かかりにくいかがわかってきました。

脂肪のつき方の違いによって、肥満は「下半身肥満（洋ナシ型肥満）」と「上半身肥満（リンゴ型肥満）」の二タイプにわけられます。

ヒップや太ももなど、おもに腰から下の皮膚の下に脂肪のつくのが下半身肥満で、体型が果物の洋ナシに似ているので洋ナシ型肥満ともいいます。若い女性に多く見られます。

上半身肥満はおもにお腹から上の内臓の周囲に脂肪がつき、体型がリンゴに似ているのでリンゴ型肥満とも、腹部肥満ともいわれます。更年期をすぎた女性や中年男性に多い太り方です。

以前は、ウエスト（W）÷ヒップ（H）の計算で〇・八以上を上半身肥満としていましたが、最近はウエストサイズ全体のほうが生活習慣病のかかりやすさを反映することがわかり、日本では、男性八五cm以上、女性九〇cm以上が上半身肥満の判定基準となりました。

肥満の種類

肥満
- 上半身 肥満（リンゴ型肥満）
  - 皮下脂肪型肥満
  - 内臓脂肪型肥満
- 下半身 肥満（洋ナシ型肥満）

上半身肥満の人は、内臓に脂肪がたまりやすいということで、肥満の程度が小さくても糖尿病、高血圧症、高脂血症、動脈硬化症などの生活習慣病にかかりやすいことがわかっています。

もっとも、やせるときは内臓にたまった脂肪が真っ先にとれますので、確実にダイエット効果が上がるというのがリンゴ型肥満です。

●皮下脂肪型肥満か、内臓脂肪型肥満か

上半身肥満はすべて内臓の周囲に脂肪がたまるわけではなく、さらに二つのタイプにわかれます。

おもに皮膚の下に脂肪のつく皮下脂肪型肥満と、肝臓や腸などお腹のなかの内臓のまわりに脂肪のつく内臓脂肪型肥満です。

どちらのタイプかを簡単に判断するには、ちょっとお腹をつまんでみてください。お腹にたるみがあってつまみやすい場合は皮下脂肪型肥満、つまみにくいときは内臓脂肪型肥満と考えられます。

正確に判定するには、腹部CT検査をします。内臓脂肪面積が男女とも一〇〇㎠以上のとき、内臓脂肪型肥満（あるいは内臓肥満）

※腹囲に加えて、このうちの2つ以上で基準値を超えた人はメタボリックシンドロームの「疑いの強い人」、1つの人はその「予備軍」

と判定されます。ホルモン分泌のバランスがくずれたり、内臓脂肪から悪い物質が放出され、放置しておくと、肥満の程度が正常な人でも生活習慣病にかかりやすいこともわかってきました。

しかし、経済的理由から多くの人が腹部CT検査を受けるのは困難です。そこで、上半身肥満が内臓肥満を伴うことがとても多いため、かわりにウエストサイズを判定基準として使うことがあります。

●ウエストが九〇㎝以上の女性、八五㎝以上の男性は要注意

今年になって、新聞やテレビで「メタボリックシンドローム（内臓脂肪症候群）」が大きく報じられました。心筋梗塞や狭心症など重大な冠状動脈硬化性疾患（虚血性心疾患）を引き起こす危険性が高いメタボリックシンドロームとその予備群が、四〇～七四歳で約二〇〇〇万人いることが、厚生労働省の調査でわかったのです。

あなたがメタボリックシンドロームかどうかを判定する基準は、ウエストが女性は九〇㎝以上、男性は八五㎝以上であること。加えて血圧、血糖、血中脂質の三つの項目のうち二つ以上で正常域の基準値を超えている人は「疑いの強い人」、一つでも基準値を超えている人を「予備軍」としています。

メタボリックシンドロームの判定基準

●ウエスト周囲径……………≧85 ㎝ 男性　≧90㎝ 女性
●内臓脂肪量……………≧100㎠ 男女とも（可能な限り腹部CT検査で測定を行う）
上記に加えて、以下のうち2項目以上が該当
●高トリグリセライド血症………≧150 mg/dl 男女とも
かつ／または
●低HDLコレステロール血症…＜40 mg/dl 男女とも
●高血圧……………≧130 mgHg／≧85 mgHg
●空腹時高血糖……………≧110 mg/dl

※メタボリックシンドロームと診断された場合、糖負荷試験がすすめられるが診断には必須ではない。
※高TG血症、低HDL血症、高血圧、糖尿病に対する薬剤治療、治療を受けている場合は、それぞれの項目に含める。

四〇歳をすぎると、メタボリックシンドロームの疑いが強いか、その予備軍といわれる人が急増し、四〇～七四歳の男性の約五〇％、同じ年代の女性の二〇％が当てはまる深刻な事態になっています。もしあなたのウエストが九〇㎝（男性なら八五㎝）を超えていたら要注意。判定基準にしたがってすぐにチェックしてみてください。

●ウエストが細くなったら、心筋梗塞がゼロになった

ＮＨＫのテレビ番組『ためしてガッテン』（二〇〇六年四月五日放送）で、兵庫県の尼崎市役所が始めた〝ある取り組み〟によって、心筋梗塞による突然死がゼロになったという内容が放送されていました。

一九九四～二〇〇〇年までの間、この市役所では、毎年何人かの職員が心筋梗塞による突然死で亡くなっていました。ところが、職員全員がおへその位置でウエストをはかり、男性は八五㎝以下、女性は九〇㎝以下になるように生活指導を始めたところ、その後の六年間、心筋梗塞による突然死が一人も出なかったというのです。このウエストの目標値こそが、メタボリックシンドロームの判定基準

のもっとも重要な項目と同じなのです。

心筋梗塞で突然死した市役所職員の過去の健康診断記録を調べてみると、ほとんどの人が高血糖・高血圧・高血中脂質のいずれか、複数の症状をもっていました。

ウエストを細くするように生活指導した結果、職員の血糖・血圧・中性脂肪の数値も改善され、心筋梗塞による死亡者がゼロになったということです。つまり、メタボリックシンドロームが内臓脂肪の蓄積であることを証明したのです。

現在、あなたのウエストが何cmかはわかりませんが、「スーパーモデルやスリムな女優のように、ウエストを五〇～六〇cmにしましょう」といっているのではありません。


「ウエストを、女性は九〇cm以下、男性は八五cm以下にしましょう」というのは、決してできない数値ではないはずです。


あたなが、上半身肥満でとくに内臓脂肪型肥満であるとわかったら、その程度が軽くても、できるだけ早めに対策をとることが必要です。

ただ、メタボリックシンドロームの判定基準が、女性の場合九〇

cm以上というのは少しゆるすぎるとして、八〇cm以上とするのがよいというデータも出ています。近い将来、このデータは変わるかもしれませんので、女性はダイエットによってウエストを八〇cm以下にすることを目標にしてください。

●あなたの肥満のタイプに合ったダイエット法を選ぶ

内臓脂肪型肥満は危険だけど、皮下脂肪型肥満は安心というわけではありません。皮下脂肪が厚くなると血糖を下げるインスリンというホルモンの働きを下げる作用が加速されてしまいます。

食事制限と毎日の運動を組み合わせると、内臓脂肪型肥満の脂肪は三カ月以内に減りやすいのに、皮下脂肪型肥満の脂肪は減るのに六カ月くらいかかるので、根気よく取り組む必要があります。

いずれにしても、ダイエットをするときは、あなたの肥満のタイプに合った方法を選ぶことが大切になってきます。

あなたは、上半身肥満なのか下半身肥満なのか、上半身肥満のなかでも皮下脂肪型なのか内臓脂肪型なのか、どのタイプの肥満なのかをきちんと知ることは、ダイエットにとても大切なことです。

2章

あなたのダイエットは、なぜうまくいかなかったのか

ダイエット失敗の原因を探る

ダイエットの成功率は、わずか二八%

「これまでに、ダイエットをしたことがある」「現在も、ダイエットをしている」という女性は約八〇%にもなるのですが、そのうちだいたい何人ぐらいが成功したかご存じですか？　ダイエットの成功率は、わずかに二八%にとどまっています。

ダイエットは、長期持久戦です。一、二カ月で急激に五%減量できても、すぐにリバウンドしてはダイエットする意味がないのです。このように、ダイエットは長く続けなければ結果が出ないものなのですが、なぜこんなに多くの人が長く続けることができないのでしょうか、ポイントはここにあります。おそらく、本書を手にしているあなたも失敗組の一人ではありませんか。

今ここで、あなたがなぜ長く続けられなかったのか、その原因なり理由なりをはっきりさせておかなければ、これからもムダな努力をして同じ失敗をくり返すことは目に見えています。

ダイエットの失敗から学ぶことなくして、ダイエット成功への道はないと思うのです。

これまでにダイエットを失敗した人は、なぜうまくいかなかったのか、失敗の原因をはっきりさせることは、ダイエットに対する意識をより高め、確実に続けられるダイエット法を見つけだす重要なカギになります。

失敗の原因をよく理解していなければ、ダイエットを始めても同じことをくり返し、また挫折するだけです。

これまで、あなたがしてきたダイエットのどこが問題だったのかを検証してみましょう。ここでは、よくある失敗の原因をあげてみますので、思い当たることがあればそれを改善して、ダイエットに成功してください。

〈失敗の原因①〉
食べすぎという意識が薄かった

太ってしまった多くの人から、こんな嘆きの言葉を耳にします。

「私ってかわいそうな人。それほど食べていないのに、こんなに太ってしまったの」

ところが、勝手にそう思っているのは本人だけです。体重が増えてしまったことは事実なわけですから、「それほど食べていなかった」のではなく、実際には「体重が増えすぎてしまうほどきちんと食べていた」のです。あるいは、余ったエネルギーが運動によって十分に消費されていなかったのです。

自分が過食かどうかはなかなか自覚しにくいといわれます。そのため、食べすぎて肥満になってしまったという意識が薄い人に、食事の量を減らしなさいと指導し、納得させることは、とてもむずかしいかもしれません。

それでもやっぱり「私はそれほど食べていなかった」と言い張るのでしたら、食べすぎかどうかが客観的に判断できるもの、たとえば食事日記をしばらくつけてみるのがよいかもしれません。食べすぎを防ぐよい手段にもなります。

朝・昼・晩の三食分だけでなく、一日に口にしたものを全部書き出してみると、「やっぱり私、けっこう食べていました」と納得するものです。

とにかく、口に入れたものは、エネルギーを含まない食物を除けばすべて「太る材料」になるのです。

「塵も積もれば山となる」です。

もしかしたら「ちょっとだけ」が積もり積もって、気づかないうちにたいへんなカロリーになってしまったのかもしれません。

〈失敗の原因②〉

モチベーション（動機）があいまいだった

これまで何度もダイエットに挑戦しては失敗してしまったのは、ダイエットの仕方だけが問題だったのでしょうか。

長期持久戦にならざるを得ないダイエットですので、なんとなく気分で始めたのか、固い決意で始めたのか、そのモチベーション（動機）はダイエットの結果を大きく左右します。

ダイエットのモチベーションがはっきりしていればいるほど、ダイエットの成功率は高くなるのです。

たとえば、「どうしても、今流行の服が着られるようにスリムになりたい」「今年の夏は海に行きたいので、水着が着られるプロポーションになりたい」「同窓会までに昔の体型に近づけたい」など、見た目をなんとかしようというのも、モチベーションの一つです。そのことは、決して悪いことではありません。

「健康診断の数値が悪くなりましたよ。もし本気でやせなければ、間違いなく命に関わる病気になりますよ」と医師から警告されれば、見た目を何とかしたいということよりも、モチベーションはさらに強いものになります。

ダイエットのモチベーションは、「どうしてもやせて○○したい」「どうしてもやせなければ○○になる」といった具合に、具体的であればあるほど望ましいのです。

医師としては、BMI二五以上の人は五%の減量を目標にモチベーションを高めることをすすめています。

もしかしてあなたのダイエットがうまくいかなかったのは、「この頃、ちょっと太り気味なので、ダイエットでもしてみようかな」といった程度の軽い気持ちで始めたからではないでしょうか。

〈失敗の原因③〉数値目標を決めず、無計画だった

モチベーションというのは、人が意志を決めたり行動を起こす直接の原因のことです。

そのモチベーションに基づいて始めたことを長く続けるためには、さらに具体的な数値目標があったら〝鬼に金棒〟といえるのではないでしょうか。

強いモチベーションと具体的な数値目標はクルマの両輪のようなもので、この二つが備わっていればダイエットを続ける強い味方となります。

数値目標というのは、体脂肪や体重をあとどのくらい減らしたいのかということと、そのためにどのくらいの時間（期間）をかける予定でいるかということです。

体脂肪や体重を減らしたい数値がはっきりしたら、毎日面倒がらずに体重をはかりましょう。

たとえわずかでも、確実に結果が出ていることがわかれば、今ダイエット中という気持ちをもち続けることができ、また結果が、自分を奮い立たせてくれます。

あらかじめムリのない時間（期間）をもうけておけば、あせることもダラダラと続けることもないでしょう。医学的には、六カ月で五％の減量（一〇〇kgの人は五kg、六〇kgの人は三kg）、その後の六カ月で減量体重の維持を目標とします。

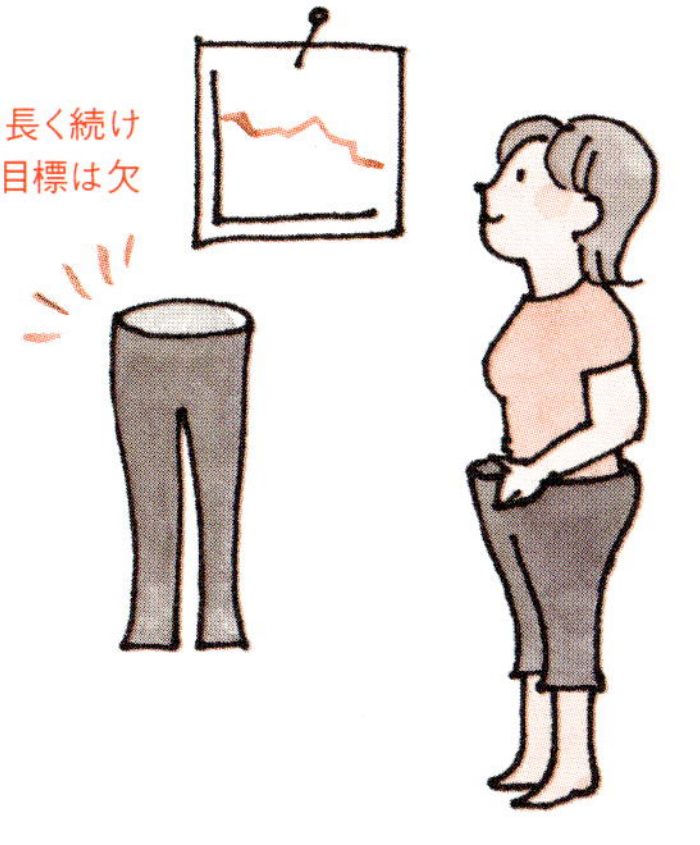

ダイエットを長く続けるには数値目標は欠かせない

〈失敗の原因 4〉

結果を出すことをあせってしまった

ダイエットの失敗をくり返す人を見ていると、結果を出すことをあせるあまり、「あれもしよう、これもしよう」と初めからできもしないことをムリしてやろうとしたり、「あれもダメ、これもダメ」と我慢をしながらやろうとしていることが多いようです。

たとえば、一週間で体重を五kg、一〇kg減らそうといったように、ごく短い時間で結果を出そうとするダイエットは、百害あって一利なし。これは〝やせる〟のではなく〝やつれる〟のであって、とても危険なことです。

「おいしいものを、お腹いっぱい食べたい」という楽しみを、いきなり一〇〇%奪ってしまうようなやり方をしても、ダイエットの先は見えていますし、その反動も大きいでしょう。このようなやり方は、だれがやっても、長く続けられるわけがありません。

もし、五kg減らすのであれば、六カ月くらいの期間がほしいところです。五kgの体脂肪は、エネルギーに換算すると三五〇〇〇kcalになります。それを六カ月(一八〇日)で減らすとすれば、一日あたり約二〇〇kcal減らせばOKということになります。

この二〇〇kcalは、ご飯でしたら一杯半、日本酒でしたら一合、コーラでしたら二缶分です。運動をすれば、水泳では三〇分、ゴルフでは四〇分、ウォーキングでは一時間で消費できます。これなら、毎日できそうですね。

ダイエットを長続きさせるには、「たとえわずかでも、これなら確実にできる」というレベルのことから始めて、それが習慣になるようにしてしまうことです。

習慣になるということは、「いつもやっていることをやらないと、なんだか気持ちが悪い」という思いが自然に働くようになるということです。

〈失敗の原因5〉

根性や我慢だけにたより、マンネリで飽きてしまった

もしかしてあなたは、根性や我慢といった精神力だけをたよりにしてダイエットをしようとしていませんでしたか。

「心頭滅却すれば火もまた涼し」なんていう戦国時代の禅僧の辞世のことばがあります。

心のもちようで、どんな苦痛も苦痛とは感じないという意味ですが、修行を重ねた禅宗のお坊さんでもない限り、とてもこのような境地にはなれないでしょう。根性や我慢だけで長続きする人はまれです。あなたの意志が特別に弱いわけでは決してありません。

そもそも、精神力でダイエットを長く続けられるくらい自分を律することができる人なら、ダイエットをしなければならなくなるまで自分のことを放っておくことはなかったでしょう。

根性や我慢にたよるダイエットは、だれもが長続きできるわけないのです。

また、どんなことでも、同じことをずっと長く続けていればマンネリになります。

マンネリになると、新しいことを考えなくてすむのでラクにはラクですが、すぐに飽きてやめてしまいたくなるのもムリありません。おそらく、あなたのダイエット法も、マンネリだったために長続きしなかったのかもしれません。

せっかく長く続けてきたことを、飽きたという理由でさっさとリセットしてしまうなんてもったいないことです。たとえば、ラジオ体操会やスポーツクラブ、歩く会に入会して仲間をつくる工夫などをすれば、マンネリを防ぐことができるかもしれません。

〈失敗の原因⑥〉誤ったダイエット情報にふりまわされた

「これをすれば簡単にやせられる」といったダイエット情報があふれています。そのほとんどが、「○○を食べれば、やせられる」といった「単品ダイエット」や、からだの一部だけを細くしようという「部分やせダイエット」です。

ダイエットに挑戦しては挫折をくり返しているあなたが、ついついそのお手軽さや目新しさに引き寄せられてしまうのはムリもないことかもしれません。

こうしたお手軽ダイエットのすべてが悪いというつもりはなく、第三章（四三ページ）でその詳細にふれますが、医学や栄養学の立場から見れば、ダイエットの原点からかけはなれた一過性のものが多いといわざるを得ません。

ダイエットの原点は、ただ体重を減らすことでもなければ、からだの一部を細くすることでもありません。からだのなかから余分な体脂肪を取り除いて、健康で長生きのできるコンディションにもっていくことです。

お手軽ダイエットに飛びつき、ふりまわされて、一喜一憂をしているのは、時間もお金もムダです。効果があらわれることがあったとしても一時的なもので、長続きはしません。

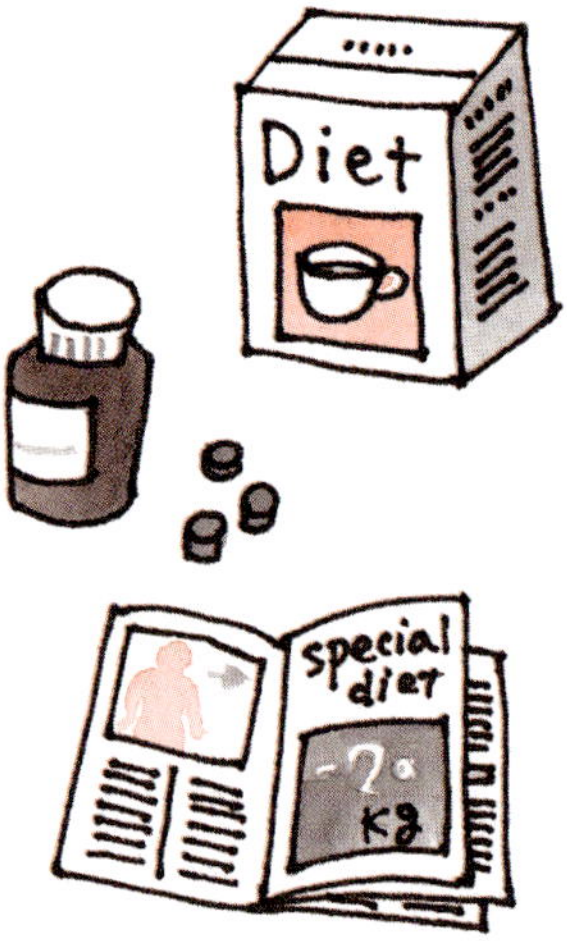

「飲むだけでやせる」といったお手軽な「やせる広告」にふりまわされない

〈失敗の原因⑦〉食事だけ、運動だけのダイエットをしていた

あなたは、食べる量を減らすか運動をするのどちらか一つだけでダイエットをしていなかったでしょうか。

肥満＝摂取エネルギーが消費エネルギーを超える

ですから、摂取エネルギーを減らして消費エネルギーを増やせばやせられるということになります。

しかし、食べる量を減らしたり、カロリーの多い食品を控えたり、食事のコントロールだけで摂取エネルギーをいくら減らしても、体重が減らなくなることがあります。これを「適応」といいます（一二八ページ参照）。

いっぽう、運動をすれば消費エネルギーを増やすことができますが、好きなものを食べたいだけ食べて、運動だけでやせようというのは運動を過信しすぎています。

運動で消費できるエネルギーは、一万歩歩いても三〇〇kcalとごくわずかにすぎず、運動の量はエスカレートするばかり。それでもうまくいかなかったときの反動は、さらに大きなものになります。

ダイエットは、ただ体重を減らすのではなく、体脂肪を落とすこと。体脂肪は、からだを動かして酸素をとり入れなければ減らないやっかいなものです。

継続的な運動には、消費エネルギーを増加させるばかりでなく、食事療法を確実なものにする働きがあります。ダイエットには食事と運動を上手に組み合わせることが不可欠であり、また成功へのポイントです。初めは、「食事八：運動二」の取り組みやすいバランスからスタートしましょう。

あなたのダイエットがうまくいかなかったのは、食事のコントロールだけで運動をまったくしなかったか、運動にたよりすぎたということが考えられませんか。

あなたの「太る生活」度チェック

「どのくらい太りやすい食生活をしているか」

- □ 朝食はほとんど食べない。
- □ 外食することが多い。
- □ もったいなくて、どうしても食事を残すことができない。
- □ いつも腹八分目では物足りない。
- □ お酒が大好きだ。
- □ 食事の時間は、いつも不規則だ。
- □ つい面倒になって食事を抜いてしまうことがある。
- □ 夜遅くにたくさん食べてしまうことがある。
- □ ときどきヤケ食い（気晴らし食い）をすることがある。
- □ 甘いものは別腹だ。
- □ 人から食べるのが早い（遅い）とよくいわれる。
- □ テレビを見ながら食事をすることが多い。
- □ 空腹に関係なく、間食しないではいられない。
- □ おいしいものの誘惑に勝つ自信がない。
- □ 食べものの栄養やカロリーのことはあまり気にしない。
- □ あっさり料理より、こってり料理のほうが好きだ。
- □ いつも食卓のメニューが少なく、とくに嫌いな野菜は食べない。
- □ お茶よりジュースが好きだ。
- □ コーヒーや紅茶にお砂糖、ミルクは欠かせない。
- □ ファーストフードをよく食べる。

チェックの数は、いくつありましたか。まさか、全部？　数が多いほど、あなたは太りやすい食生活をしていたことになります。ダイエットするときには、あなたがチェックした項目はきちんと改善されるようにしなければいけません。

あなたの「太る生活」度チェック

「どのくらいからだを動かしているか」

- □ とにかく、汗をかくことが嫌いだ。
- □ スポーツが楽しいと思ったことは一度もない。
- □ スポーツをはじめても、長続きしたためしがない。
- □ 外出するのは好きではない。
- □ 電車に乗ると、すぐ座りたくなる。
- □ 短い距離でも、すぐにタクシーやバスに乗ってしまう。
- □ エレベーターやエスカレーターがあるのになぜ階段を歩くのかわからない。
- □ 食事のあとにすぐ動くのがおっくうだ。
- □ 動作がのろいとよくいわれる。
- □ 自分は怠け者の性格だと思う。

ダイエットでは、食事と運動をセットで行うことが必須です。このチェックが多い人は、運動をしないで食事だけのダイエットになりやすいので注意しなければいけません。

太る(やせない)のには、きちんとした理由がある。それを改めれば、ダイエットは必ず成功する

あなたの「太る生活」度チェック

「どのくらいやせたいと思っているか」

- □ 正直、自分は太っているとは思わない。
- □ 自分の正確な体重、ウエストサイズを知らない。
- □ 自分の姿を鏡で見ることはほとんどしない。
- □ 他人の目は、まったく気にならない。
- □ これまで、一度もダイエットをしたことがない。
- □ エステティック・サロンに行ったこと（行こうと思ったこと）はない。
- □ 夫や好きな人からいわれても、やせるつもりはない。
- □ やせている人を見ても、うらやましいとは思わない。
- □ 太って服が小さくなったら大きいサイズの服に買い替えればよい。
- □ 昨日の夕食で何を食べたか覚えていない。
- □ 私の幸せは、食べたいものを好きなだけ食べることだ。
- □ ケーキ1個分ぐらいのカロリーは、すぐに消費できると思う。
- □ 部分的にでも、やせたいところはない。
- □ 「やせる広告」「やせる薬」には興味がない。
- □ ダイエットをしてまで長生きしたいとは思わない。

ダイエットで大事なのは、モチベーション。このチェックの数が多い人ほどモチベーションは低く、成功の確率がかなり低いといわざるを得ません。チェック部分を改善して、はっきりとしたモチベーションをもつことが大切です。

3章

あなたは、あふれるダイエット情報にふりまわされてないか

「単品ダイエット」「部分やせダイエット」を検証する

話題のダイエット法に〝サプライズ〟はある？

「これぞ究極！」というふれこみのダイエットが次々に生まれ、健康雑誌やテレビの情報番組で紹介され、「やせる広告」が女性誌をにぎわしています。

その多くが、「単品ダイエット」か「部分やせダイエット」。「単品ダイエット」は、「〇〇を食べればやせられる」といったように、一つの食品に含まれる栄養素や成分を強調したり、低エネルギー摂取に仕向ける食品を提供し、それだけを食べてやせようというものです。

「部分やせダイエット」は、マッサージや低周波パルスをあてるなどして、お腹、太もも、背中、二の腕などからだの一部だけを細くすると主張するものです。

いずれにも共通する点がいくつかあります。

①ほんのわずかな作用を強調して、あたかも大きな効果があるように錯覚させる。
②短期間に効果があらわれることを強調している。
③リバウンドや副作用がないことを強調している。
④科学的な根拠というより、少数の〝成功〟体験者の個人的な感想に基づいて効果を強調している。

面倒なカロリー計算をすることもなく、つらい運動をする必要もなく、とても簡単にできて、すぐにでも結果が出そうに見えるお手軽さに人気があるのでしょう。

はたして、こうした特殊なダイエット法が、ダイエットの原点である「健康になるために減量し、その減量した状態をキープする」という目的にかなうものなのか、〝サプライズ〟はあるのかを見極める必要があります。

〝おすすめ度〟の点数は、食品に含まれている栄養素や成分の効果・作用をふまえて、一〇点を満点としてあくまでも一つの目安として表示したものです。

おすすめ度 3

ファイバーダイエット

食物繊維（ファイバー）は、ゴボウ、ニンジン、キャベツ、ブロッコリー、カボチャ、サツマイモなどのイモ類、コンニャク、カンピョウ、キノコ類、海草類、果物、玄米などに多く含まれています。

このうちの果物とイモ類を別にすれば、ほとんどが低カロリーかノンカロリーで、カロリーの多いほかの食品をひかえてかわりにとることによって、食事全体のカロリー摂取を抑えることができます。また、よく噛まないと食べられないものが多いので自然とゆっくり食べるようになり、適度にお腹にたまり、食べすぎを抑えることにもつながります。

ダイエットを始めて食事の量が物足りなく感じたときには、食物繊維を多く含む食材を使った副菜を、一皿増やすというのはよい方法です。

食物繊維は、生活習慣病の予防や悪化を防ぐことにも効果がある栄養素ですが、そのものにダイエット効果はありません。

「食物繊維のダイエットを始めたら、一カ月で五kgやせました」という人がいます。こういう人は便秘症だったのです。腸にたまっていた便が食物繊維のおかげできれいに排出されたのを、やせたと勘違いしていただけなのです。

実際に、食物繊維に体脂肪を減らす能力はありません。また、ファイバーダイエットのように食物繊維ばかりを食べていたのでは栄養失調になりますし、ブドウ糖やコレステロールといったからだに必要なほかの栄養素の吸収を阻害してしまいます。食物繊維はプラスの面だけが強調されがちですが、マイナスの働きもあるのです。

生活習慣病を予防し、健康を維持するためには、ぜひとも一日三〇g程度の食物繊維をとることが必要ですが、食物繊維をダイエットの道具にするのは誤りで、使いすぎると健康を害します。

おすすめ度 3

香辛料（唐辛子）ダイエット

激辛カレーを食べたり、強い唐辛子をきかせた激辛の担々麺を食べると、汗が噴き出てきます。それほど辛いものではなくても、食事をするとだれでもからだが温かくなってきます。

これは、食べものの温度がからだに伝わったからではなく、吸収された栄養の一部が熱に変換されて発散（熱産生）したからです。熱発散の割合は、炭水化物や脂肪は吸収された量の八～一〇％程度、タンパク質は約二〇％と食べものによって違いますが、香辛料のきいた辛い食べものは、その割合をさらに一〇％ほど高めることができます。そのため、食物のエネルギーを脂肪として蓄える量を減らすことができます。

しかしその熱エネルギーは六〇kcalぐらいまでで、からだの脂肪一kg七〇〇〇kcalと比べたらわずかです。

私たちのからだには「アドレナリンβ_3受容体」という器官があります。食事のあとに活動して、食物のエネルギーを熱エネルギーに変えて発散させる働きがあります。唐辛子、マスタード、ショウガといった香辛料にはこの器官を刺激する成分が含まれているので、辛いものを食べれば器官を活性化できるということが最近わかってきました。

香辛料は、食事による熱産生を増やすことはたしかですが、減量が期待できるほど強くはないのです。

そのうえ、香辛料は胃の粘膜に対して刺激が強く、胃を悪くしがちです。とり方によっては、かえって食欲を増進させてしまう働きもあります。

からだによさそうなことでも、どれだけの効果があるのかを見極める必要があります。

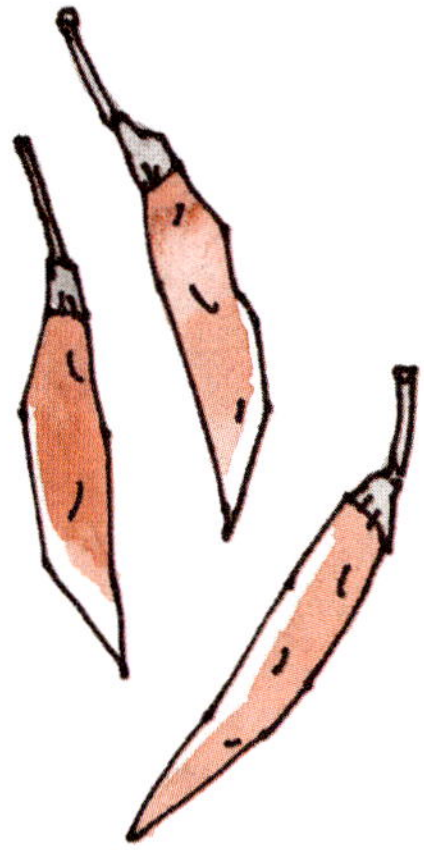

トウガラシは、余分な脂肪を燃やす細胞を刺激する

おすすめ度 5

コンニャクダイエット

　ワカメやコンブなどの海草類、シイタケやシメジなどのキノコ類など、ノンカロリーといわれる食品はいろいろありますが、代表的なものはコンニャクでしょう。いろいろ調理したコンニャクをメニューの中心にしてカロリーを抑えようというのがコンニャクダイエットです。

　コンニャクの主成分は、グルコマンナンという炭水化物です。ふつう、炭水化物を食べれば太りますが、人間はマンナンに対する消化酵素をもっていないためにいくら食べても吸収されません。そのために、コンニャクはノンカロリー食品ということでダイエットしたい人にとって根強い人気があります。

　最近では、マンナンの粉末までが市販されています。食前にこの粉末と水を飲めば胃が膨張し、満腹感によって食事の量がセーブできるといわれています。

コンニャクは、カロリーを気にせず好きなだけ食べて空腹がいやせるのが最大のメリット。しばらく食べ続けていれば、体重を落とすことはできるでしょう。

　しかし、コンニャクだけにたよってしまうのはとても危険で、必ず栄養失調になります。また、コンニャクを使ったメニューのバリエーションもそれほど多くはなく、それを毎日食べ続けることも苦痛ですし、油を使って料理すれば思わぬ高カロリーになってしまいます。

コンニャクなどのノンカロリー食品は、空腹のときのお腹の足しにするなど、ダイエットの補助にする程度にしましょう。

コンニャクなどのノンカロリー食品は、空腹時のお腹の足しに

おすすめ度 0

絶食ダイエット

絶食というのは、いうまでもなく食物をまったくとらないことです。ある一定の期間、肉体面・精神面の修行や祈願などのために自発的に食物を断つのが断食です。

一週間のうち一日だけ固形物をとらない「プチ断食」がはやっていますが、「プチ」とつくとだれでも気軽にできそうなので、とくに忙しい人に受けているのでしょう。絶食も断食も、なにも食べないということでは同じで、長く続ければ死を招く危険なダイエットです。

昔は、病院でも〝絶食療法〟というものが行われていました。しかし、体液が酸性になる、心筋や骨格筋の組織がもろくなるなどのほか、貧血、全身倦怠、不整脈や心臓発作といった副作用があまりにも多かったので、この危険な療法を行う病院は、現在ほとんどありません。

かわって今は、超低カロリー食あるいは半飢餓療法（VLCD：Very Low Calorie Diet）がよく行われ、一時的な効果を上げています。からだの構成と機能に必要なタンパク質、ビタミン、ミネラルを必要な量確保しながら、できるだけエネルギー量を少なくする療法です。エネルギー量が少なすぎると絶食と同じ副作用が起こりますので、一日四〇〇～六〇〇kcal程度にします。

もっともこの療法は、BMI三五を超える高度肥満者だけを対象に、必ず専門医の指導のもとに行われるべきものです。あと五kgやせればスッキリするというレベルの人が、自分で勝手にしては絶対にいけません。最近は、一日一～二回のフォーミュラ食（高度肥満者の治療用として開発された食品）とふつう食を組み合わせた食事療法が広く行われています。

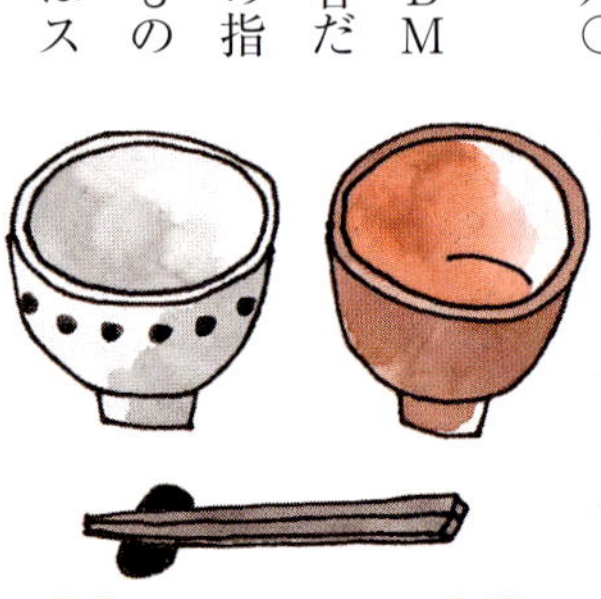

絶食でやせようというのは危険

絶食や断食、超低カロリー食によるダイエットは、肉体的にも精神的にもつらく、ほとんどの人が、やせは一時的で、体重のリバウンドをしているのが実情です。

おすすめ度 2

油抜きダイエット

肥満というのは、からだのなかに脂肪がたまること。からだの脂肪も食品の脂肪も構造は同じなので、この憎き体脂肪をこれ以上増やさないために、炒め物や揚げ物など油で調理したものはいっさい口にしない油抜きダイエットで体重を落とした人を何人も知っています。

しかし、誤解なきように。

食品の油が、そのまますぐに体内で脂肪になるわけではありませんし、食べすぎない限り食べた脂肪が蓄積されて太ってしまうことはありません。

それに、油と名のつくものをいっさい断ったとしても、からだのなかでは依然として脂肪はつくられてしまうものなのです。ご飯やお菓子などの糖質をとりすぎてしまえば、それが体内で脂肪に変わりますし、穀類や大豆などにも油そのものが含まれているのです。

魚の油や植物油には、DHA（ドコサヘキサエン酸）やEPA（エイコサペンタエン酸）など血中コレステロール値を下げて動脈硬化を防ぐ不飽和脂肪酸が多く含まれています。

油は大量にとれば肥満の原因になる悪役ですが、一日に二〇～三〇gはとらなければいけない重要な食品です。

また、ビタミンA、D、E、Kは、脂肪といっしょに腸で吸収されるので、油を断つとこれらビタミンの不足を招きます。そのうえ、油を構成する脂肪酸のなかには、からだの働きには必要なのに、体内ではつくられない必須脂肪酸がありますが、これも不足してしまいます。

さらに、腹もちのよい油物を断つと早くお腹が減ってすぐに間食したくなり、お肌もカサカサになります。

たしかに、油はたった一gで九kcalもあり、使い方によってカロリーオーバーになりやすいのは間違いありませんが、いっそのこと油を抜いてしまおうと思わず、できるだけ量を少なくすることはよいことです。

おすすめ度 3

中国茶ダイエット

中国茶だけではやせないが、のどが渇いたときには最適

日本で薬事法がきびしくなる前は、「脂肪を流す中国茶○○○」なんていう宣伝文句をよく見ました。今でも、飲むだけでやせられると思い込んでいる〝中国茶の信奉者〟はけっこう多いかもしれません。

中国茶のなかでも、代表的なのがウーロン茶です。油っこい料理を食べても中国人が太らないのは、ウーロン茶に含まれているサポニンという成分が脂肪を分解してくれるからだと説明されれば、「なるほど」と納得してしまいます。

サポニンには、わずかですが脂肪を分解する働きがあるのはたしかです。しかしウーロン茶だけで、体脂肪をすべて分解してしまうほどのサポニンをとろうと思ったら、それこそクジラが飲むほどの量が必要になります。

ウーロン茶以外の中国茶では、減肥茶としてプーアール茶、ハトムギ茶などが出まわっていますが、漢方でよく使われるセンナなどの下剤や、利尿剤を混ぜたものが多いのです。下剤や利尿剤を飲めば、便を出したり尿を出すことでからだのなかの宿便や水分が減り、見かけの体重が落ちることはありますが、体脂肪の量に変化があったというわけではありません。

また、中国茶ではありませんが、杜仲茶《とちゅうちゃ》が脂肪を分解するとして再び注目されています。中国では杜仲の樹皮を煎じて飲みますが、杜仲の葉をお茶として飲む習慣は日本で始まりました。濃く煎じて一日三リットル飲み続けると、数週間でウエストが細くなるというものです。

しかし、お茶をせっせと飲んだだけではダイエットの効果はありません。

ただし、ダイエットをする人にとっては、のどが渇いたときに甘いジュースや炭酸飲料を飲むよりは、ノンカロリーのお茶が向いているのはたしかです。

おすすめ度 2

玄米ダイエット

玄米は、お米の一番外側のもみがらだけを取り除いたものです。玄米からぬかを除き、胚芽を八〇％以上残したものを胚芽玄米、ぬかと胚芽を完全にとったものを精白米といいます。

玄米は、精白米に比べてビタミンB_1は四倍以上、食物繊維は五倍、カルシウムは二・五倍、ビタミンB_2は二倍あり、同量の精白米と比べてカロリーは低く、タンパク質は少し多めに含まれていますから、これ自体はとても有用な食品といえるでしょう。

でも、問題は食べ方です。

ダイエットのために、一日に玄米のおにぎりしか食べないとか、おかずもわずかというのでは栄養が偏ってしまいますし、食物繊維が多いために消化不良になり、健康を害してしまうこともあります。

昔の話になりますが、民間療法士のハワード・ヤングという人物が有名人を相手に行っていた玄米食療法が問題になりました。

玄米食を主体とした食事、漢方で使われる下剤のセンナを大量に含んだ特殊茶の飲用、腸のマッサージの三つを組み合わせて行うこの療法が、女優の高峰三枝子さんの死因となったとして非難されたのです。

このような栄養学の常識をまったく無視した過激なダイエットは、死に至ることもあることを強く警告する事件だったといえるでしょう。

どんなにすぐれた玄米でも、それだけ食べていたのでは健康を害する

おすすめ度 3

酢大豆ダイエット

有名人が「〇〇でやせた」と聞くと、ついそれをまねしたくなるのは人情の常というものです。あなたも、そのタイプではありませんか。

ある有名な女性演歌歌手が酢大豆を食べてやせたというので、酢大豆ダイエットが話題になったことがありました。

残念ながら、酢や大豆そのものに体脂肪を減らすという直接的な働きはありませんが、栄養的にはダイエットと無関係とは言い切れないところがあります。

酢の主成分は酢酸ですが、体内に吸収されるとアルカリ性の働きをします。筋肉をたくさん使った運動をすると、筋肉中に大量の乳酸がつくられます。この量が多すぎると血液中にたまって疲労の原因になります。

そんなときに酢をとると、血液が酸性になるのを防いでくれますので、疲労の回復や予防に役立つというわけです。疲れの出やすい夏場に 酢のものをとるとよいといわれるのはそのためです。ダイエットのために行った運動の疲労回復に、酢は役立つでしょう。

また、ダイエット中に必要な栄養素をとるための食品として、大豆はおすすめできます。大豆に含まれる豊富な植物性タンパク質は、ダイエット中のからだの活性組織の減少を防ぎますし、鉄分は女性に多い鉄欠乏性貧血の予防にも役立ちますが、体脂肪は減らしません。

あえて、酢大豆のダイエット効果を上げるとしたら、食前にゆっくり噛んで食べたおかげである程度満腹感が得られ、食事の量が減ること。また、ある程度栄養があるのでダイエットの精神的な支えにはなるかもしれません。

酢にも大豆にも、体脂肪を燃やす働きはない

おすすめ度3 サラダダイエット

お昼時、レストランで目の前にあるのはサラダボウルだけという女性をけっこう見かけます。あなたにも、そんなサラダダイエットの経験、きっとあるでしょう。

野菜はビタミン、ミネラルなど栄養の宝庫ですし低エネルギーです。量を多くとれば満腹感が得られるので、サラダダイエットを試す人が多いのは理解できます。

野菜に含まれる栄養素には、がんの予防に役立つβカロチン、糖質（炭水化物）の代謝を助けるビタミンB_1、脂肪の代謝を助けるビタミンB_2、免疫力や美白に効果のあるビタミンC、アミノ酸の代謝を助けるビタミンB_6、出血を防ぐビタミンK、貧血を防ぐ葉酸、体内の酵素を活性化するマグネシウム、歯や骨を丈夫にするカルシウム、造血作用のある鉄、亜鉛、リン、カリウムなどのミネラル類、整腸作用のある食物繊維などがあります。

しかし、野菜はイモ類を除いて低エネルギーですが、食べるときにかけるドレッシングやマヨネーズはエネルギーが高いので、気をつけなければいけません。サラダだけではタンパク質不足、活性組織量の減少、鉄の不足で貧血になりやすく、肌もカサカサになります。やせるにはやせますが、健康的にやせるとはいえません。

おすすめ度3 フルーツダイエット

サラダダイエットとならんで、とくに女性に人気があるのがフルーツダイエットです。

フルーツは、嫌いな人が少ないうえにビタミンCやカリウム、食物繊維が豊富なので美容によいというイメージが強くあります。水分も多いので、量のわりに低エネルギーです。それにつられてしまっているのか、「フルーツは太らない」と思い込んでいる人が多いようです。

しかし、それは間違いです。

フルーツの甘さは、果糖（フラクトース）という糖質で、砂糖と同じくらいのエネルギーがあります。甘ければ甘いほど、含まれる果糖の量も多くなります。そのうえ、果糖はほかの糖質と比べて吸収時間が早く、からだのなかで脂肪に変わりやすい性質があります。

「おやつは、ケーキを我慢してフルーツにしよう」というのは肥満につながることがあります。ミカンを五～六個とケーキ一個は同じエネルギーです。フルーツを好きなだけ食べてやせられるわけがありません。

ただ、誤解しないでいただきたいのです。ダイエット中は、フルーツはいっさいダメといっているのではありません。栄養があるのですから、リンゴなどの大きめのものなら一個、ミカンなら三個程度は積極的にとるべきです。フルーツの実にはビタミン、ミネラルが含まれ、皮には食物繊維が多いので、できるだけ丸ごと食べることをおすすめします。

いずれにしても、フルーツはお菓子といっしょで、食べすぎれば太ってしまうことは決して忘れないように心がけましょう。

おすすめ度 0 ウォーターダイエット

ボテボテしたお腹をつまみながら、水太りしてしまったことを嘆いているあなた。水分をとりすぎたからといって太ることはありませんのでご安心を。

人間のからだには、水分が一定の量になるように調節するシステムがあります。もし、必要以上の水分がからだに入ってきたときは尿や汗として外に出し、必要な量が満たされていないときは、のどが渇いて自律神経が水分を補給するようにしむけるので、いつもバランスが保たれているのです。

腎臓、心臓などの機能が正常な限り、水をどんなにたくさんとっても余分な水が体内に残ることはありません。もし、水を飲みすぎてからだが重く感じられるとしたら、それは太ったのではなく、むくんだのです。

水を飲んでも太らないことを利用して、ウォーター・

ダイエットを試みる人がいます。ふつうに食事をとりながらミネラル・ウォーターを飲んでいる人もいますが、ほとんどの人は、いっさい食事をしないで毎日二リットル以上の水だけですまそうとしています。

ミネラル・ウォーターに含まれるカルシウムやマグネシウムなどのミネラルは、たしかにからだにはよい成分かもしれませんが、水だけでは他の栄養素がまったくとれません。一日二リットルもの水を飲むのはあまりにも苦痛ですし、間違いなく体調をくずすでしょう。

ウォーター・ダイエットは、決しておすすめできるものではありません。

おすすめ度 0

サウナダイエット

何をやってもダイエットがうまくいかない人は、汗をかいてまで体重を落とそうとします。

サウナに通ったり、「着るだけでみるみるやせる」と宣伝しているサウナスーツを買い込んだり、やせたいところにラップを巻いたりして汗をかき、体重計に乗って「やせた、やせた」と喜んでしまうんですね。

人のからだの六〇～七〇％は水分です。たしかに、大量に汗をかけば一時的には一～三kg体重を減らすことができますが、これは体内の水分が減っただけのこと。やせるというのは、水分を減らすことではなく体脂肪を減らすことですから、ムリして汗をかくだけの努力は時間のムダといえるでしょう。

それどころか、汗をかけばのどが渇くので、そこでビールを飲んでしまったら元の木阿弥。

水分をとることを我慢してしまえば脱水症状になり、老化が早く進み、美容にも悪い影響が出ます。ひどい場合には、血液が濃くなって血管がつまりやすくなり、脳梗塞や心筋梗塞を起こしかねません。

汗をいっぱいかきたいなら、じっと座っているだけのサウナではなく、運動をしましょう。そうすれば、必ず体脂肪はエネルギーとして使われて減ります。

おすすめ度 1

部分やせダイエット

街のエステティック・サロンはどこも大繁盛。「カリスマ・エステティシャンの脂肪もみ出しが自宅で実現！驚異のスーパーサイエンス・ジェル」といったふれこみのボディー・ローションも手軽に手に入ります。

マッサージをするだけでやせることができたら、こんなに素晴らしいことはありませんが、「私はやせなかった」「話が違う」といったトラブルもあとを絶ちません。

マッサージで脂肪をもみ出す以外にも、低周波パルスで筋肉を運動させたり、バイブレーターや浴槽中の気泡でエネルギーを消費させたり、熱風を吹きつけて筋肉を刺激したり、加温やパックにより発汗を促したり、リンパマッサージでリンパ液の循環をよくしたりなど、さまざまな方法によって脂肪の分解が促進されたように見せかけるダイエットが一部で行われています。

しかし、マッサージによって消費されるエネルギーは、一時間やっても一〇〜三〇kcal程度。体脂肪一kgを減らすのに必要なエネルギーは七〇〇〇kcal。お話になりません。それ以外も、根拠が乏しいものばかりです。

マッサージをしたからといって、やせたい部分の脂肪が分解されて消えてなくなることはありません。

やせたい部分の組織を圧迫したり、その部分の水分を一時的にほかに移すことによってわずかに細くなり、「やせた、やせた」と喜んで家に帰って水分をとると、すぐにまた元のサイズになる。これが、部分やせダイエットのトリックです。

エステティック・サロンの広告には、同じ人のエステ前とエステ後の証拠写真がならべて掲載されています。比べればたしかにやせたように見えますが、一時的なものので、時間がたてば以前と同じになります。

あえて効果があるとすれば、エステはかなり高額の料金がかかりますし、エステ主催のコンテストで競おうとすれば本気でダイエットしようと動機も高まるでしょう。やせたのは、そのおかげ以外にありません。

おすすめ度 1

やせる石けん・化粧品ダイエット

「洗うだけでみるみる細くなる石けん」「塗るだけで簡単にやせられる化粧品」……。

手軽にダイエットできることをアピールした商品の宣伝コピーが、ひっきりなしに目に飛び込んできます。

これまで何度もダイエットを試みながら、なかなか成功しなかった人にとっては、藁《わら》にもすがりたい気持ち。ほんとうにきくのかどうか、どこかで疑いながらも、こうしたお手軽ダイエットについ手を出してしまいたくなるのはムリもないことでしょう。

「洗うだけできく、塗るだけできく」とされている根拠は、二つあります。

一つは、「含まれている成分が、皮膚から浸透して脂肪を分解する」というもの。もう一つは、「血行を促進してからだの新陳代謝を高め、脂肪を減らしやすくする」というものです。

たしかに、皮膚から浸透して体脂肪を分解する物質はありますが、分解できる量はごくわずかです。たとえ多量に使ってもダイエット効果は期待できません。

万が一、そういう物質で脂肪が分解されても、消費されなければその脂肪は血液に流れ込んでふたたび脂肪細胞に取り込まれてしまいます。体脂肪がからだのなかを循環している限り、減量にはつながりません。

また、化粧品を塗る程度で新陳代謝を高めようとしても、皮膚に張りが戻ることはあっても体脂肪が減ることはありません。

もし、やせる石けんの実験で実際にやせたという人がいるとしたら、それはダイエットの動機が高まったからです。実験で定期的に結果がチェックされて、ほかの人と比較されるからです。そんなことをされたら、別にやせる石けんを使わなくてもやせる努力をするでしょう。

その意味では、やせる石けんやせる化粧品を毎日使い続けると、ダイエットをしていることを忘れないので、間接的な効果につながることは、人によっては考えられるかもしれません。

おすすめ度 0

低インスリンダイエット

すい臓からは、血糖の上昇に応じてインスリンというホルモンが分泌されています。このインスリンが過剰に分泌されると、体脂肪が蓄積しやすい状態になり、食べる量も増えるので、肥満の原因になります。

そこで、血糖値とインスリンの値を低く抑えればダイエットに効果があるということから、低インスリンダイエットが一時大流行しました。

食品には、その種類によって異なる血糖値の上昇率を数値化した「GI値（glycemic index）」があります。GI値が高いほどインスリンの分泌量は増加します。

このGI値を基本にして、GI値が高くインスリンの分泌を刺激する炭水化物（お米、ジャガイモ、カボチャなど）を制限して、かわってお肉などGI値の低い食品を食べて、脂肪を効率的に分解できるようにしようというのが低インスリンダイエットです。

しかし、GI値の高い食品をひかえることで血糖値を上げにくくすることはできますが、そのことで太ることを抑えることができるというのは医学的には否定されていることです。そのうえ、GI値の決め方にも、いろいろ問題があります。

いくらGI値が低いからといって、安心はできません。エネルギーの高い食品をとれば、間違いなく太ってしまうからです。

おすすめ度 2

サプリメントダイエット

錠剤、カプセル、ドリンク、ゼリー、ビスケットなど、さまざまなかたちのサプリメントを大量に持ち歩いて、毎日飲み続けている人を最近見かけます。

糖質の吸収を抑えるギムネマ（シルベスタ）、脂肪を減らしやすくするカプサイシンやL-カルニチン、脂肪の吸収を防ぐグァバエキスとカテキン、その他、クロロフィル、クロム、αリポ酸、ピルビン酸塩、キトサン、コエンザイムQ10、ガルシニア、白インゲン豆抽出物、それにビタミンやミネラルといった成分を含んだものが市販されています。このなかには、食欲を抑えたり、消費エネルギーを高めるものがありますが、ダイエット効果という点では、ほとんど期待できません。

このなかの白インゲン豆抽出物ということで思い出されるのが、二〇〇六年五月六日、テレビのバラエティー番組で紹介された〝白インゲン豆ダイエット法〟によって、一〇〇人を超える人が嘔吐や下痢の症状を訴えて入院したという事件です。

加熱が不十分だったために、生豆に含まれるレクチンなどの成分が残り、これが胃や腸の粘膜の炎症を引き起こした可能性が高いことがわかりました。

サプリメントとは、ビタミン、ミネラル、タンパク質、アミノ酸、ホルモンなどを主成分とした栄養補助食品のことです。その効果があらわれるのに、通常二〜四週間かかるといわれます。

日本ではまだ法律上の定義がないために、アメリカの「栄養補助食品健康教育法」に指定された物質を含むものをサプリメントとよんでいます。

なかには、栄養補助食品の範囲を超えた薬品までがサプリメントとして輸入され、インターネットで簡単に手に入れられるのは異常な状態です。

いくら低エネルギーのものが多いからといって、サプリメントを食事のかわりに大量に摂取してもダイエットの効果には関係ありません。そのうえ、一つのものにたよってしまうダイエットはとても危険です。サプリメントは、あくまでも食事ではむずかしい栄養素を補う栄養補助食品としてとるものです。何か事故が起こってからでは遅すぎます。

サプリメントは、食事を補う栄養補助食品としてとる

おすすめ度 0

やせ薬ダイエット

飲むだけでカンペキにやせられるといった、簡単に手に入るやせ薬は、今もなく、将来も考えられません。

飲むだけでみるみる脂肪がとれてしまうような薬は、ダイエットしたい人にとっては「夢のやせ薬」といってよいでしょう。やせ薬と称してよく売られているものには、利尿作用のあるもの、便秘を解消するもの、甲状腺ホルモン剤などがあります。

しかし、薬を使って尿や便通をよくしても、余分な体脂肪がとれるわけではありません。甲状腺ホルモン剤は、代謝を活発にしてエネルギー消費を増やしやすくしますが、脂肪だけならよいのですが内臓や筋肉もエネルギーとして使ってしまい、からだをこわしてしまうのです。

二〇〇二年七月、食欲を減退させるフェンフルラミンという薬品が含まれた中国製ダイエット食品の服用によって、劇症肝炎を発症して死者まで出るという事件がありました。アメリカで発売禁止になっていて、日本でも無認可のフェンフルラミンが、食品に混じって日本で流通していたことは大きなショックでした。

ただし、一つだけ日本の厚生労働省の認可を受けている薬があります。入院を必要とするようなBMI三五以上の重度肥満の治療薬として、食欲を抑制して摂取エネルギーを減らす〝マジンドール〟がそれです。

この薬を使うことで、三カ月で平均四・六kgの体重が減ったことがわかっています。食欲を低下させる効き目はそれほど強くなく副作用も比較的少ないので、食事療法などの効果を高めたり、減量後のリバウンドを防ぐ目的で使われています。しかし、処方用医薬品ですので、医師の処方がなければ手に入れることはできません。

今後も、食欲を抑えて摂取量を減らすことによる肥満症薬（やせ薬）は出てくるでしょうが、本人に食事療法をやる意欲がなくては効果はありません。本人の意識が加われば、医師の処方に基づくやせ薬ダイエットのおすすめ度は、「〇」から「八」に格上げになります。

おすすめ度 0
便秘薬ダイエット

もし、一kgの排便をしたら、体重はたしかに一kg減少します。便秘のひどい人は、三〜五kgの宿便をもっているといわれますから、便秘薬を服用してこれを全部出してしまえば、たしかにその分の体重を減らすことはできます。便秘薬ダイエットは、とても簡単な方法といえるかもしれません。

しかし、問題が二つあります。

一つは、宿便です。宿便は、腸壁にこびりついている便と思われがちです。しかし、腸は常に蛇のような動き（蠕動《ぜんどう》運動）をしていますし、腸壁からは粘液が出ていますから、便が固まって腸壁にくっつきっぱなしということはありません。便秘によって、腸のなかにどんどんたまってしまった古い便を宿便といいます。

もう一つは、便秘薬。便秘薬には、食物中の水分の吸収を防ぎ、それでもまだ足りないときは、からだの水分をとって便をやわらかくして排出する働きがあります。

私たちのからだの約六〇〜七〇%は水分ですが、便秘薬の常用によって、この水分が三五%以下に減ると脱水症状になり、こうなると皮膚の乾燥、血圧の低下、血液の濃縮によるショック、脳梗塞、精神異常、けいれんなどを起こし、最後は死亡することもあります。便秘薬の乱用は、腸や肛門の粘膜を痛める恐れもあります。

便秘薬を使えば便秘は解消して、宿便の分だけ体重は減るかもしれませんが、体脂肪の量はまったく変わりません。また、美容にも健康にも逆効果です。

おすすめ度 5
ヨガダイエット

ヨガは世界中で実践されているエクササイズの一つです。運動が苦手な人でも気軽にできそうで、日本でも、女性の間で静かなブームとなっています。

ヨガの王道といわれる「ラージャヨガ（古典ヨガ、瞑想ヨガ）」や、ヨガブームの起爆剤となった「パワーヨガ」など、さまざまな流派があります。その一つ「ホットヨガ」は、室温三八～三九℃、湿度六〇～六五％の環境のなかで行います。大量に発汗し筋力が鍛えられるので、からだの基礎代謝が高まり、ダイエット効果やデトックス（解毒）効果があると注目されています。

しかしながら、静的でゆるやかな動きのためにエネルギーの消費が少なく、ヨガだけで体重を減らすのはムリです。

ヨガは、運動効果のほかに精神統一によって五感をコントロールする心身鍛練法としての効果があります。気持ちが集中し、精神力が高まり、ゆとりが生まれます。

そのことが、食べたい衝動を抑えたり、長く続けたいという気分など、ダイエットを成功に導く精神面にプラスに作用することはあるでしょう。

ヨガと食事療法を組み合わせることで、ダイエットの効果が期待できるかもしれません。

おすすめ度 2

耳ツボダイエット

耳ツボダイエットとは、脳内の食欲中枢につながる耳のツボを刺激することで食欲を抑え、ダイエット効果を発揮すると説明されています。

食欲中枢のツボは、精神を安定させて食べてストレス発散することを防ぐ「神門」など六つあり、そこを刺激することでストレスなく食欲を抑え、空腹感と闘わない状態を保つことができるというものです。

ツボを刺激する療法は東洋医学の分野で、療法自体の効果を完全に否定することはできません。実際に耳ツボ療法の効果があった人もいますが少数で、減量をもたらすダイエット効果を期待するほどの力はありません。効果があるとしたら、心理的にダイエットへの動機を高めることでしょう。耳ツボ療法を受けるかどうかは、「ご自身の責任で判断してください」というしかありません。

4章

あなたの常識、間違っていないか

ダイエットの常識　ウソ・ホント!

太るとすぐ 顔に出るものだ

ウソ

「太るとすぐに顔に出ちゃう」と思っている人、意外と多いようです。

顔がふっくらしたかどうかは、鏡を見ればすぐにわかりますからね。肥満の兆候がまず顔に出ると思っている人は、顔に出なければ「まだ太っていない、大丈夫」と安心してしまいがちです。

個人差はありますが、私たちのからだで脂肪がつきやすいのは、まずは腹部、それから二の腕、あご、首、太もも、そして頬のあたりです。顔がふっくらしていることを発見したら、すでにお腹、手足のあたりにはすっかり脂肪が定着していると思ってよいでしょう。毎日鏡をのぞいて顔だけチェックするのではなく、その他の部分も見落とすことのないように。

親が太っていると子どもも太りやすい

ホント

？ ！ ホント ウソ

両親が肥満でない場合に比べて、両親のどちらかが肥満、あるいは両親とも肥満の場合のほうが子どもが肥満になる可能性が高いことはたしかです。

その理由として、太った親（とくに母親）がふだんから太りやすい食事や運動をしない生活をしていれば、子どももその影響を免れないということがあります。

さらに、一九九四年に肥満遺伝子が発見されると、「肥満は遺伝的に決定される」という考え方が強くなってきました。遺伝子に異常があると、食欲をコントロールしたり、消費エネルギー代謝に異常が生じて太りやすくなる可能性があります。

親の生活習慣（環境）だけでなく、肥満体質が遺伝することは否定できず、〝太りやすい家系〟というのはあるようです。しかし、大多数の人は、そのような遺伝子があっても太るか太らないかは本人の努力次第。遺伝の影響は、その程度のものでしょう。

ホント ウソ

中年は太りやすい

ホント

中年と思われる太鼓腹を突き出したオジサン、ウエストのないオバサン（失礼！）がいますね。「中年太り」という言葉があるように、中年になるとちょっとしたことでも太りやすくなり、それにには理由があります。

私たちが生きていくために最低限必要なエネルギー量を「基礎代謝量（安静時代謝量）」といいます。消費エネルギーのなかで約七〇％と最大のエネルギーを占める基礎代謝は、一〇代をピークに減少し始め、年齢を重ねるほど以前よりも少ないエネルギーで生きていけるようになるのです。

それに気づかず、中年の両親が食べ盛りの一〇代の子どもと、同じ食卓で同じメニューの食事をしたら太るのは当たり前なのです。

ストレスだけで太ることはない

ホント

ストレスが強すぎると、ふつうは食欲不振になりますが、もう少しゆるやかなストレスでは、本人もはっきり自覚していないまま、ヤケ酒やヤケ食いのように飲食で気を紛らわすことは珍しくありません。それが極端に高じて、身近にある食べものを手当たり次第に口に入れてしまう「気晴らし食い症候群」や、「神経性大食症」という精神疾患もあります。

こうしたストレスによる食べすぎは、男性より女性に多く見受けられます。つい食べてしまうのは、食べものに一種の精神安定剤のような働きがあるからで、食べすぎれば体脂肪となってからだに蓄えられ、肥満への道をまっしぐらとなります。

ストレスだけで太ることはありません。ストレスによって食べすぎてしまうから太るのです。

過激なダイエットをくり返していると「ダイエット太り」になる

ホント

一念発起して、過激なダイエットを開始。一カ月～二カ月は劇的な効果を上げたのにその後は減らないので、安心してダイエット前の食生活に戻ったらみるみる太ったということがよくあります。これが「ダイエット太り」です。

専門的には、体重のリバウンド、あるいはウェイトサイクリングという現象です。急激に摂取エネルギーを減らすと、からだは命の危険があると判断して、基礎代謝を下げたり、食べもののエネルギーを効率よく脂肪に変えようとします。これを「適応」といいます。

脂肪をためやすい体質がすっかりできあがっているところで以前の食生活に戻れば、一瞬にして元の体重かそれ以上に戻ってしまいます。こうした悲劇を生まないためには、継続的な運動が大切です。ダイエットでは、減量に成功したときからが新たな勝負なのです。

ウソ

ホント

ダイエットでは朝食は抜いたほうがよい

ウソ

朝食を抜いて一日二食にすれば摂取エネルギーが減ってやせられそうですが、そうではありません。その理由は二つ。

私たちが食事をするとからだが熱くなるのは、「食事誘導性熱産生」といって、食べものが消化吸収されるときに一部が熱エネルギーとなって発散されるからです。このような熱発散は、食べる回数が減れば少なくなるようにからだが反応して、食べものを脂肪としてからだのなかにたまりやすくします。

もう一つは、一日二食ですと胃腸の働きが活発になり、栄養の吸収率が上がります。また、夜の食事で集中的にカロリーを摂取する「夜食症候群」という太りやすい食べ方になりやすくなります。やはり規則正しく三食とり、夜は少なめにするのがポイントです。

✕ ご飯は太りやすい

ウソ

「今ダイエット中なので、ご飯は食べないようにしているの」という人をよく見かけます。一部の人にはあてはまりますが、それは間違いで、ご飯こそがダイエットの味方です。

炭水化物を食べると、すい臓からは血糖を下げるインスリンというホルモンが分泌されます。このインスリンには、体内で脂肪をつくる作用もあります。

炭水化物のなかでインスリンの分泌量が多い食べものほど太りやすいのですが、パン、パスタ、イモに比べてもっとも少ないのがご飯です。

ご飯は腹もちがよいので、間食をしなくてもすみます。それにご飯のときは煮物や刺し身といったあっさりしたおかずが多いため、パン食に比べて脂肪のとりすぎを防ぐこともできます。

だからといって、「ご飯だけダイエット」というのは栄養障害を起こすのでおすすめできません。

生のままで食べるとやせやすい

ホント

生の食材は、カサが多いので、少ない食材で満足することができます。また、調理をしたものよりも吸収率が悪いのがふつうです。そのために、調理した食材よりも摂取するエネルギーを減らしやすくなります。さらに、運動を組み合わせれば効果がよりアップします。

アメリカでは〝ロー・フード（生の食べもの）・ダイエット〟がブームですが、この方法だけを長く続けるのはよくありません。

焼酎よりもビールのほうが太りやすい

ウソ　ホント

太くなったお腹をさすりながら、「ビール腹」だと嘆いている人がいます。

ビールのカロリーはとても高いように思えますが、実は違います。ビール一〇〇ccは約四〇kcal、二〇度の焼酎一〇〇ccは約一一〇kcalですから、焼酎よりもビールのほうがカロリーは圧倒的に低いのです。だからといって、「飲むならビール」とおすすめしているわけではありません。

焼酎はお湯や水などで割ってゆっくり飲むことが多いのですが、ビールはアルコール度数が低いので、そのままゴクゴクと飲んでしまいます。焼酎とビールとでは、飲むペース、飲む量がまったく違います。含まれるカロリーの量だけを比べて、ビール一辺倒になってしまうのは危険なことです。摂取エネルギーは、飲んだアルコールの総量によって決まるのです。

ホント？ウソ！

おやつなどの間食はタブーだ

ホント ウソ

間食というと、脂肪、砂糖、果糖など体脂肪になりやすいものが多く、好きなだけ食べてしまいがちなので、ダイエット中はタブーと思っている人が多いようです。しかし、間食をあまりにも我慢した反動で、夕食をドカ食いしてしまっては意味がありません。

間食は食べ方次第でＯＫともいえるのです。牛乳、イモ類、果物など適度に脂肪が含まれている食べものであれば、腹もちがよくお腹がすきにくいというメリットがあります。

迷うところですが、もし間食の分までカロリー計算した一日のメニューがきちんと守れなければ、間食はきっぱりと止めたほうが賢明です。間食を止めただけでやせたという人もいるくらいです。

バターよりマーガリンのほうが太らない

ウソ

動物性のバターと植物性のマーガリンを比べたら、マーガリンのほうがダイエットには断然有利と思っている人が多いでしょう。ところが、実際に一〇〇g中のカロリーを比較してみると、バター七四五kcal、マーガリン七五八kcalと、わずかですがバターのほうがカロリーが低いのです。それに、植物性の食品だけを摂取していると、ビタミンB・D、鉄分、カルシウムが不足しがちです。また最近、マーガリンに含まれる脂肪酸の一種「トランス酸」が心筋梗塞のリスクを高めることがわかりました。バターとマーガリンは上手に使いわけましょう。

果物はジュースにしたほうが太る

ホント

果物一個をそのまま食べても、搾って ジュースにしても、カロリーに違いはありませんから、どちらが太りやすいということはありません。しかし、ジュースにすると果物一個からとれる量がとても少ないために、どうしても二、三個搾《しぼ》ってしまいがちです。市販されている天然果汁一〇〇%のオレンジジュースも一缶は約八〇kcalで、これはオレンジ二個弱のカロリーになります。果物をそのまま食べれば一個分のカロリーですむのに、ジュースにすれば二、三個分のカロリーをとってしまうことになりかねません。

ダイエット中は、果物を一気に飲めてしまうジュースにしてしまわないで、そのままのかたちで食べたほうが太りにくいでしょう。

やせたいなら味つけを薄くするとよい

ウソ ホント

ホント

ダイエットには、実は料理の味つけも大きく関係しています。バターや油などは調味料そのものにもカロリーがありますから、たっぷり使って調理をすれば濃い味になり、食欲も増してカロリーオーバーになりがちです。塩分が多くて味が濃くなり、味が濃くなればご飯やお酒の量がついつい増えてしまうという結果につながります。

薄味でもおいしく食べるコツとしては、ダシをしっかりきかせること。素材の味を十分に生かすために、新鮮な食材を選ぶこと。酢を加えて酸味をきかせたり、ネギ、ショウガなど香りの強い野菜やスパイスを上手に使えば、薄味の物足りなさは解消できます。

いつもたくさん食べると胃は大きくなる

ホント

人間の胃の容量は、通常約一・五リットルといわれています。いつもたくさん食べていると、胃を動かす三層の強力な筋肉層は縦、横に自由自在に伸びて、容量は二倍、三倍に拡大します。

こうなると、胃の壁が伸びて満腹感を感じるのが遅れ、ついつい大食するクセがついてしまいます。「最近、胃が大きくなった」と感じるのは、いつも食べすぎてばかりいて、実際に胃が大きくなってしまってなかなか満腹感を感じにくくなったからなのです。

ダイエットを続ければ、わずかな食事にも慣れて胃も小さくなり、早めに満腹感を感じるようになります。

ダイエットには急激な運動のほうが向いている

ウソ

できるだけ早くダイエットに成功したいというあせりから、急激な運動のほうが効果があると思っている人がいるようですが、それは間違い。軽く汗ばむ程度の運動を長く続けるほうが効果があるのです。

なぜなら、急激な運動では筋肉中のグリコーゲンや血液中の血糖（ブドウ糖）がエネルギーとして使われるだけで、減らさなくてはいけない体脂肪が使われないまま終わってしまうからです。個人差はありますが、体脂肪が使われ始めるのに最低でも三〇～四〇分かかるのです。そのために、ウォーキング、水泳、サイクリングのように全身を使う運動を毎日三〇分以上、一時間くらいは続けることが必要とされてきました。

このことは一面では正しいのですが、最近は、一〇分の運動五回と、五〇分の運動一回のダイエット効果は同じだということがわかってきました。

いずれの方法でも、毎日五〇分から一時間の運動をすることは、活動代謝だけでなく基礎代謝も上げて、ダイエット中でも消費エネルギーを高いレベルに維持して、食事療法の効果を高めることに役立ちます。ダイエットには、食事制限と運動の併用が必須です。そうしないとダイエット効果は一時的なものになります。

腹筋運動
をすれば
お腹は引っ込む

ホント

腹筋運動だけではお腹の体脂肪を直接減らさないという意味ではこの常識は「ウソ」ですが、減量と腹筋運動によりお腹は引っ込むという意味では「ホント」です。

　下腹が出るのは、お腹のまわりの腹腔《ふっこう》内の脂肪がたまりすぎているのがおもな原因です。そのために、腹筋やお腹の皮膚もたるんでしまいます。

　ダイエットによって内臓脂肪を減らせばお腹はへこみますが、たるんだお腹の皮膚をスッキリさせるために腹筋を鍛え、腹筋に伸縮性や弾性が戻れば、お腹のたるみを抑えこむことができます。

　また腹筋運動を続ければ筋肉の持久力が高まり、運動をしても疲れにくくなります。ただし強い腹筋運動はお腹や、腰の筋肉を痛めやすいので注意しましょう。首を起こしておへそを見る程度からスタートし、一日三セット（一セット一〇～二〇回）行うと効果があります。

1時間泳ぎ続けたら1kgはやせる

ウソ

からだの脂肪を一kg減らすためには、七〇〇〇kcalを消費しなければなりません。一時間も泳いだら、一kgぐらいは簡単にやせると思うほど疲れ切ってしまいますが、現実はそう甘くはありません。七〇〇〇kcal消費するためには、体重六三kgの男性なら一四時間、五二kgの女性なら一七時間三〇分泳ぎ続けなくてはならないのです。急ぎ足で歩くとしても、男性で二四時間三〇分、女性で三〇時間二〇分が必要です。

でもこれは、運動だけで一気に消費しようとする場合の単純計算例。水泳やウォーキングのような有酸素運動を定期的に長く続けていれば、からだは消費エネルギーが増えやすく燃費のいい小型車になり、間違いなくやせやすく太りにくくなります。

のんきな人は太りやすい

ウソ ホント

ホント

のんびりとした性格の人、こせこせしないのんきな人は、だいたいにおいて食べることや太ることに対してもあまり頓着しません。そのために、知らず知らずのうちに太っていたという人も少なくありません。

このような性格の人はまた、ダイエットを始めても食事を制限したり、やらなければいけないことを几帳面に守ることがあまり得意ではなく、ちょっとつらくなってくると「まあ、いいや」とすぐあきらめてしまうことが多いようです。

太った人にはのんきな性格の人が多いというのは事実ですが、のんきな性格の人は全員が必ず太るということではなく、太りやすい傾向があるということです。誤解なきように。

タバコを吸うとやせられる

ウソ

禁煙した人から「タバコをやめたら太ってしまった」という話をよく聞きます。禁煙すれば痛んだ胃の粘膜も治って食欲も増え、そのうえ口さびしいので間食することが多くなって太りがちになるのは事実です。だからといって、「タバコを吸い続けていれば太らない」という保証はどこにもありません。タバコをやめても、食べすぎないことが肝心なのです。

それよりも重要なことは、タバコと健康との関係。タバコを吸う人は吸わない人に比べて肺ガンのリスクが七倍も高いことがはっきりしています。タバコが健康を害し、美容にも悪いことがわかっているのに、太りたくないという理由でこのままタバコを吸い続けるつもりですか。すぐ禁煙を。タバコをやめても、ダイエットはできます。

ダイエット中はつらくても空腹は我慢すべきだ

ホント

ダイエットを始めてしばらくすると、夕方近くにドカ食いの発作におそわれることがよくあります。

これは、今まで食べすぎがふつうの状態としてセットされていたのに、それがなくなったことに対する反動と考えられます。何ごとも、努力がなくては達成されません。ここは、我慢すべきですし、この状態に意識を慣らすべきです。

ただ、空腹を我慢しすぎて夕食のドカ食いをもたらしては、ダイエットは成功しません。砂糖抜きのコーヒーや紅茶、日本茶を飲むか、野菜スティックやところ天などノンカロリー食品を口にするとよいでしょう。飴一個でも血糖値が上昇して、空腹感をやわらげます。

女性がやせにくいのは生理のせいだ

ホント ウソ

個人差はありますが、生理が近くなるとイライラして、いつもより食欲が増したり甘いものが食べたくなるという女性は少なくありません。気晴らしについ甘いものに手を出してしまうというわけです。

生理のときはまた、体内に水分がたまってむくんでしまうので、体重が思うように減ってくれずにヤケ食い、ドカ食いに走りがちです。女性にとってダイエットを成功させるためには、生理前から生理にかけての正念場をどう乗り切るかが大きなポイントともいえるでしょう。

ただし、このことはすべての女性にあてはまることではありません。

長い間太っているとやせにくい体質になる

ウソ　ホント

ホント

正月休みにゴロゴロしていて一～二kg太ってしまったというような一時的な肥満でしたら、ちょっとのダイエットで元に戻りやすいのですが、長い間太っていると、ちょっと食事を減らしたぐらいではそう簡単にやせられないというのは事実です。その理由は、エネルギーをあまり使わなくても太ったからだを維持する体質になってしまうことと、脂肪をつくりやすい体質になってしまうからです。これが、肥満になってからもたらされた肥満体質といわれるものです。

そういう人は、「夏になったらやせよう」などとダイエットを先延ばしにしないで、できるだけ早く始めるようにしましょう。遅れれば遅れるほど何kgも太ってしまって、やせるための努力の度合いが高まります。

睡眠不足が続けばやせられる

家事や育児に忙しくてしばらく睡眠不足が続いたある日、鏡を見ると顔が少しほっそりしたように感じることはありませんか。たしかに睡眠不足が続けば食欲は落ちるので、自然と食べる量も減ってきます。胃腸の働きも悪くなって消化吸収も進みませんから、体重は落ちます。その意味では、この常識はホントかもしれません。

でも、このような方法では「健康的にやせる」というのにはほど遠く、「みすぼらしくやつれる」といったほうがピッタリかもしれません。そんなことを続けていたら、体調をくずすどころか死んでしまいかねません。「ずっと寝ないでやせるなら、そうしよう」なんて決して思わないでください。

寝ている間にやせることはできる

ウソ

私たちの一日の総消費エネルギー量は、生命の維持に必要な最低限のエネルギーである「基礎代謝量（約七〇％）」、日常生活でからだを動かして消費される「生活活動代謝量（約二〇％）」、食べものの消化吸収時に食物のもつエネルギーの一部が熱エネルギーになって放散される「食事誘導性熱産生（約一〇％）」にわけられます。

このうちの基礎代謝量が占める割合がもっとも多く、当然寝ているときにも消費されるものですから、基礎代謝の高い人は寝ているだけでもやせられるように聞こえます。しかし、一kgの体脂肪を減らすのに七〇〇〇kcalものエネルギーが必要ですから、寝ている間に消費されるエネルギー量でやせられるといえるほどうまい話ではありません。

ダイエットのためには、基礎代謝を高めてエネルギーを消費しやすい太りにくいからだにすること、生活活動代謝を高めてエネルギー消費を活発にしなければいけないのです。基礎代謝の高いからだをつくりたいと思ったら、筋肉を鍛える運動を行うのが効果的です。

医学で肥満を撃退することはできる

ホント

食事のコントロールを中心に、運動の指導や精神面のサポート、栄養や運動についての基礎的な知識を学び、生活習慣を変えることによって肥満を撃退しようという「行動修正療法」があります。

食事や運動、体重などを日記やグラフで記録し、そこから日常生活のなかでどんな「くせ（因子）」が肥満と結びついているのかを明らかにし、「ずれ」を修正して食事や運動にフィードバックするという療法です。

明るく健康的なライフスタイルづくりを目指して生活全般を改めようというものですから、リバウンドや挫折の可能性もグッと低くなりました。

急を要する肥満症の人のための医学的療法には超低カロリー療法、胃を小さくする外科療法などがありますが、これらの方法は専門医の指導が必要です。

飲むと太ってしまう薬がある

ホント？ ウソ！

ホント

病気を治すために飲んだ薬のせいで太ってしまうなんて信じられないことかもしれません。しかし、「薬剤性肥満」という言葉があるように、実際にそういう薬はあるのです。人工的に閉経状態をつくり出し、飲むだけで妊娠を防ぐことができるピルもその一つ。ピルの副作用による肥満の増加はアメリカでも問題になりました。

抗ヒスタミン剤の入っているかぜ薬や鼻炎の薬、また一部の精神安定剤のなかにも、副作用として肥満を招きかねないものがあります。

副作用のあらわれ方には個人差がありますが、抗ヒスタミン剤で食欲が増した経験のある人や、重度の肥満で精神安定剤を服用するようなときには医者や薬剤師に相談すべきです。

きつめの服を着ていると太りにくい

ホント

昔、中国には纏足《てんそく》という風習がありました。幼女のときから親指を除いた足の指を裏側に曲げて布で固く縛って、女性の足を大きくしないようにしたのです。女性のお腹や腰のかたちを整えるためのガードルという基礎下着はよく知られていますね。

このように、からだをムリやり締めつけてしまうのはよくありませんが、いつもきつめの服を着ていて、それがさらにきつく感じられるようになれば、太ったということに早く気づきます。それに、服がきついともっと食べたいという気持ちを抑えてくれるに違いありません。

きつめの服を一つのバロメーターにすれば、気づいたら太っていたという悲劇は防げるでしょう。

重症の肥満になると頭の働きがにぶくなる

ホント

酸素は、脳にとってなくてはならないもので、十分な酸素があって初めて脳の働きが活発になります。

からだのなかで脂肪がつくのは、なにもお腹やヒップだけとは限りません。太ってくると、伸びたり縮んだりして呼吸作用を行う横隔膜《おうかくまく》にも脂肪がついてきます。そうなると呼吸運動がスムーズにできなくなり、酸素が十分に供給されにくくなります。

脳に送られる酸素の量が減ってしまえば、どうしても集中力が落ちてしまうのです。太りすぎると頭の働きがにぶくなるというのは、ある意味であたっていることかもしれません。もちろん、太った人が全員そうなるといっているわけではありませんし、軽い肥満ではこのようなことは起こりません。

「究極のやせられる食品」はある

ウソ

ホント

ウソ

最近、テレビの情報番組や健康雑誌で、「これだけ食べればやせられる」といったダイエット法がさかんに紹介されています。コンニャクやパイナップルといったよく知られた食品から、月見草オイルや大豆サポニン、根コンブといったあまりポピュラーではない食品まで、取りあげられる「やせる食品」の多さには感心させられます。

なかには、科学的根拠はあるが効果が小さすぎてダイエットにはならないもの、科学的な根拠のないもの、場合によってはからだに危険なものもあります。

ズバリ！　これを食べたら、健康を害さずに絶対やせられる究極の食品はありません。

「やせの大食い」は体質だ

ホント
ウソ

ほんのわずかしか食べないのにすぐに太ってしまう人がいるかと思えば、いくら食べてもぜんぜん太らない「やせの大食い」という幸せな人がいます。そういう人は、一般の人に比べて基礎代謝量が多いとか、食事誘導性熱産生が高いとか、腸内細菌が食物の栄養の吸収を減らすといったさまざまな説があって、太らないのは体質だとよくいわれます。

太っている人にとってはうらやましい限りですが、体質だけでやせているとはいい切れないところがあります。やせている人は、太っている人に比べて食べものからとる摂取エネルギーを消費エネルギーと同じにするように、きちんと運動をして、やせたからだをキープする努力をしている人が多いのです。

成人女性は一生に三度太る

ホント

子どもの頃にやせていた女の子が、しばらくぶりの同窓会で会ったら昔の面影なしの体型にビックリ。これはある意味で仕方のないことで、子供の頃を除き、成人女性は一生のうちで太りやすい時期が三度あります。

初めは思春期から二〇歳くらいまでの青春期、次は妊娠・育児期、最後は更年期です。とくに二度目の妊娠・育児期を太らずに無事通過する人はとても少ないようです。

妊娠中はインスリンの分泌が増え、代謝を活発にするホルモンの働きも高まって過食になりがちです。この三つの危機を迎えたとき、女性はダイエットに向き合う覚悟が必要です。

運動は週1回でもダイエットに効果がある

ウソ

運動の効果は、三日間続くといわれます。ですから、運動は三日おき、少なくても週三日行えばよいというのが理屈です。

週末に一日だけゴルフやテニスをしたり、フィットネスクラブで汗を流すのも、まったくなにもしないよりはマシですが、気晴らしになるぐらいで、ダイエットの効果はかなり低いといってよいでしょう。そのうえ、運動のあとにビールで乾杯となっては、消費したエネルギーはたちまち帳消しになってしまいます。

ダイエットには、週一回の過激な運動より、ゆるやかでも毎日継続して行えるウォーキングなどのほうが適しています。運動に求められるのは、激しさよりも継続です。

Column

『ダイエットことわざ』応用辞典

【案ずるより生むが易し】

あれこれ心配していたことも、実際にやってみると案外簡単にできるということ。「まかぬ種は生えぬ」で、とにかくダイエットを始めないことには、健康的にやせるという結果は出ない。

【鬼に金棒】

もともと強いものに、さらに強力なものが加わればますます強くなる。ダイエットも正しい食生活と運動をセットで行えば、成功率はアップする。

【後悔先に立たず】

すんでしまったことをいつまでも悩んでいても仕方がないという意味。一度や二度ダイエットを失敗したからといってクヨクヨしないで、失敗からきちんと学びなさいということ。

【為せば成る 為さねばならぬ何ごとも 成らぬは人の為さぬなりけり】

「やれば必ずできる、できないのはやらないから」という意味。ダイエットに無縁の人が、がんばっている人を励ますときによく使う。「千里の道も一歩から」も同じ。結局うまくいかなかったときは、照れ隠しに「為せる（ナセル）はアラブの大統領」と洒落でごまかす人が多い。

【元の木阿弥】

いったんよくなったものが、再び元の状態に戻ること。「骨折り損のくたびれもうけ」も同じ。せっかくやせたのに元の体重に戻ることを「リバウンド」「ウェイトサイクリング」という。

【安物買いの銭失い】

安ければ買いやすいが、品質が悪くてすぐに新しいものに買い替えなければいけないので、かえって損をすること。あれこれお手軽ダイエットに手を出しても、結果が出なければ失うのはお金と時間だけで「百害あって一利なし」。

【楽あれば苦あり】

楽しい（苦しい）ことがあると必ず次には苦しい（楽しい）ことがある、怠けているとあとで苦労するという意味。「紆余曲折《うよきょくせつ》」も同じ意味。ダイエットも、短い期間にすんなりと結果が出るものではないので、ゆっくり時間をかけてねばり強く続けなさいという戒め。

5章

あなたを挫折させない成功の法則

「ダイエット効果・みるみるアップ」への道

ダイエットを三日坊主に終わらせない一〇のポイント

本章では、どうしたらダイエットを三日坊主に終わらせずに、その効果をよりアップさせることができるか、具体的な取り組みについてふれます。どれも、強い精神力が求められるものではありません。結果は必ず出るものと信じ、地道に続けることが大切です。

Point 1 挫折しないためには、スローなペースで

「たいした苦労をしなくても、数日のうちにみるみる体重が落ちて、理想的な体型になれる。そんなダイエットの方法などあるわけないとわかっていても、少しでもラクをしてやせたい」

だれだって、そう思います。何回も挫折している人ならなおさらのこと、いつもいつもそんな夢をみているのかもしれません。

そこで、「〇〇だけ食べて一カ月で一〇kgやせる」などとうたっ

た短期集中・分割型のダイエットについつい手を出してしまいがちです。

しかし、このようなきびしい減量では、からだの水分が減ることがほとんどで、そのうえからだが必要とする栄養素を十分にとることができませんから、体重が減っても健康までそこねてしまいます。

実際に、超低カロリー食で「一カ月で一〇kg」やせたとしても、からだの「適応」によって、ちょっと食べ過ぎても体重が元に戻ってしまうリバウンドが激しくなり、かえって前よりも太ってしまうことが多いのです。

ダイエットは、長期持久戦です。すぐに結果を出そうとあせる気持ちをもつこと自体が、始める前からすでにダイエットを失敗に導くと思ったほうがよいのです。

途中で挫折しないためには、食生活と運動により生活習慣を根底から変えて、スローなペースでやせていくしか方法はありません。具体的な数字でいえば、一カ月で一〜二kg、六カ月以内に体重の五〜一〇％を落とす、これが目標です。

もしあなたの体重が今八〇kgとしたら、半年で四〜八kgのダイエット、これなら時間をかけて落とせますし、医学的にも大部分の肥満者が生活習慣病の症状を正常に戻せることが証明されています。

Point 2

六カ月で五～一〇%の減量を目指す

スローなペースでやせるためには、ムリな目標をかかげてもできるわけがありません。肥満学者の間でも、肥満治療の目標をどこに置くか、どのくらい減量すればよいのかということがよく問題になります。

①平均的な体脂肪率を目指す
②ＢＭＩに基づく標準体重を目指す
③自分が高校生だった頃のベスト体重を目指す

といったさまざまな説がありました。

たとえば、一〇〇kg以上の肥満の人が②のＢＭＩに基づく標準体重を目指そうとすれば、二〇kg、三〇kgやせなければいけないということになって、「そんなこと、できるわけがない」となってしまいそうです。

しかし、たった三～五kgやせただけで肥満による生活習慣病の症状が正常化されれば、なにもがんばって三〇kgやせなくても、その時点で減量をやめてやせた体重を維持すれば、医学的な問題は少ないのです。一九九四年の国際肥満学会でも「六カ月で体重を五～一〇％落とすことが肥満治療の目安」という報告がされています。

Point 3 体重のわずかな増減に一喜一憂しない

まずは、やせる目標を医学的にも問題のない元気はつらつのコンディションにすることから始めてみましょう。標準体重にもっていきたければ、そのあとでかまいません。

友だちの家族を招いての久しぶりのパーティー。ダイエット中だとわかっていながらついつい食べすぎてしまった翌日の朝、おそるおそる体重計に乗ってみると、思った以上に体重が増えていないのでひと安心。そのまま食べ続けていて、四日目ぐらいに一気に体重が増えてしまうというようなことがよくあります。

食べたものがからだのなかに入れば、すぐに体重が一〇〇～二〇〇gぐらい増えてしまうのはよくあることですが、それが脂肪になって体重が増えるのは、三日遅れでやってくるといわれています。

6カ月で5～10%の減量を目指す

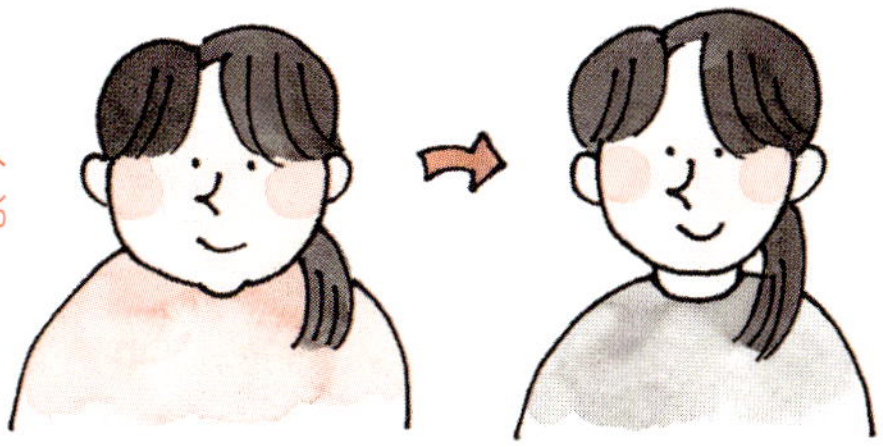

20kg、30kgやせるのはたいへんでも、今の体重の5～10%減量ならできそう!

一日だけ食べすぎても体重に大きな変化はありませんが、二、三日たっても体重が増え続けていたり、増えた分の体重が減らなかったら、確実に食べる量をかなり減らさないと体重が増えます。

このことは、体重が減る場合にも当てはまります。一日だけ食べる量を減らしても、翌日すぐに体重が落ちることはありません。やはり、二日目、三日目と続けて食べる量を減らしていけば、四日目から体重は落ち始めるものです。

体脂肪の増加による体重の変化は三日遅れでやってきます。前の日よりもちょっとぐらい増えたからといって落ち込む必要はありませんし、体重の微妙な変化にふりまわされて一喜一憂していては、かえってストレスになります。

もし食べすぎたと思ったら、その翌日、翌々日に食べる量を減らして調節すれば大丈夫です。

Point 4 気持ちを早く切り替える

たとえば、お正月。朝からおとそ気分で「正月ぐらいはいいじゃない！」と食べたり飲んだり、運動もしないでゴロゴロしていれば、数日で三〜五㎏ぐらいはすぐに増えてしまいます。お正月に限らず、新年会、忘年会、結婚式といった行事やパーティーは、ダイエットをしている人にとっては〝鬼門〟といえるかもしれません。

ここでしてはいけないのは、一度の食べすぎで「今までの苦労が水の泡になってしまった。もうダメ！」とヤケになり、「もういいや、ダイエットはまた今度にしよう」と開き直ってしまうことです。

それまでのストレスを発散するかのようにヤケ食いになり、気がついてみれば元の木阿弥。残ったのは、お腹の脂肪と後悔の気持ちだけということになってしまいます。

ダイエットは、そんなにスムーズにいくわけがありません。いったんストップさせてしまったら、もう一度スタートさせるのにものすごいエネルギーが必要です。ちょっと古い歌の文句ではありませんが、「三歩進んで二歩下がる」、それでよいのです。

これまで進めてきたダイエット中に、ちょっとファウルをしたぐらいでいきなり自分にレッドカードを出してしまうのはもったいな

いことです。

一度や二度のイエローカードはよくあることとして、気持ちを早く切り替えて乗り越えていくことが大切です。

Point 5 励ましてくれる人を見つける

〝二時間ドラマの女王〟といわれる女優のKさんが、テレビのトーク番組で興味深い話をしていました。

仲のよいスタイリストMさんから、「それ以上太ったら、衣裳を貸してくれるところ、なくなるわよ」のきつ〜いひと言があったというのです。

ずいぶん失礼なことをと感じつつも、これは私への挑戦状だと受けとめて、KさんはMさんの写真を冷蔵庫の扉に貼りました。夜遅くに何か食べたくなって冷蔵庫の前に立つと、Mさんの顔が必ず目に入る。そのおかげでKさんは、夜食を食べたいという誘惑に勝つことができるようになったというのです。

また、ベテラン女優のIさんは、美空ひばりのお母さん役を演ずることになったとき、監督から「ひばりさんのお母さんは、そんな

励ましてくれる人や、いっしょにダイエットする仲間がいたら心強い

に太っていませんよ」といわれて一念発起、見事ダイエットに成功したそうです。

俳優が役づくりのために壮絶なダイエットをする話はよく聞きますが、どのような方法でやせたのかはともかく、どちらも第三者が女優さんに与えた影響はとても大きかったことは間違いありません。

結婚している男女の場合、ダイエットをする男性の約五五％は妻の協力を得ているのですが、女性の場合は約二五％が夫の協力を得ているものの、約五五％がまったく協力者がいないまま孤独なダイエットを続けています。

黙々と一人でダイエットを続けることができるほどの強い意志が初めからあれば、ダイエットで苦労するほど太ってしまうことはなかったでしょう。意志の強い人は、そんなに多くはいないのです。くじけそうなとき、まわりから励ましてくれたり、いっしょにダイエットをしてくれる人、ライバルがいてくれたら、どんなに心強いことでしょうか。

家族や友人に、ダイエットを宣言してしまうことも効果があるでしょう。いつまでに、どのような方法でダイエットするのかを具体的に周囲の人に話してしまえば、すぐにめげてしまうこともなくなります。

インターネットで、日記を公開する〝ブログ〟がはやっています。そこでダイエットの道のりをこまめに公表し、人に見られていることをバネにして、仲間どうしで励ましあいながらダイエットをしている人たちを〝ブログ・ダイエッター〟というのだそうです。

毎日鏡に自分の姿をしっかり映して、そこに映った自分に話しかけてみます。自己暗示をかけることによって、自分で自分を励ますことができます。

他人の見る目を意識せざるを得ない状況に自分をやんわりと追い込むことも、ダイエットを続ける条件になるでしょう。

Point 6

〝きれいになった自分〟をはっきりイメージする

苦しい思いをするより、ワクワク楽しくダイエットができたほうが長続きするに決まっています。それには、ダイエットに成功してきれいになった自分を、できるだけはっきりイメージすることです。

まわりから、「そんなこと、できるわけないじゃない。妄想よ」

きれいになった自分を絵に描いて壁に貼り、自分を励ます

といわれようと、恥ずかしがることはありません。イメージするのは勝手です。別にだれに迷惑をかけるわけでもないのですから。

きれいになった自分のイメージは、自分への励ましのメッセージといっしょに絵に描いて、よく見えるところに貼っておくとよいでしょう。

受験生が、「○○大学　絶対合格！」「負けるな、めげるな、あと一年！」などと紙に書いて壁に貼っているのは、「絶対に自分は受かるんだ」と自分で自分に思い込ませるのに効果があるからです。これは、自己暗示です。目に見えるかたちにしたほうが、頭のなかでイメージするよりもインパクトがあります。

できもしないことをできそうに大げさにいうことを「ホラを吹く」といいますね。とてもみっともないことではあります。奥ゆかしさこそ美徳、たしかにそうでしょう。

でも、そんなことをいっている場合でしょうか。

「初めからできるわけがない」と思ってしまうと、脳の働きは間違いなく「やっても仕方がない」につながります。マイナス志向でダイエットをするより、大げさであってもプラス志向のほうがうまくいくに決まっています。

Point 7

強いモチベーションを目に見えるかたちにする

ダイエットが成功するかどうかは、どれほど切実に減量を望んでいるのか、どれほどモチベーションが強くはっきりしているかにかかっています。

「必ずやせることができる」と信じ、「絶対やせよう」と自分に言い聞かせることがダイエットを支えます。「この頃ちょっと太り気味なので、減量しようかな〜」「つらかったら、やめればいいや」といった程度の軽い気持ちでは、ダイエットは続きません。

「そんなこと、わかっています。わかっているのにいつも続かないから、悩んでいるんじゃないですか」

そうおっしゃりたい気持ちはよく理解できます。だれだって、自分なりに固い決心、悲壮な覚悟、強いモチベーションでダイエットを始めたつもりでいるのですから。

でも、決心も、覚悟も、モチベーションもすべて心の問題です。人間の心は、それほど強いものではなく、不安定なものです。

でしたら、目に見えるかたちで、心の弱さを少しでもカバーする

工夫をしたらいかがでしょうか。女優のKさんが、スタイリストMさんの写真を冷蔵庫の扉に貼って夜食の誘惑を乗り切ったように、つい萎《な》えてしまいそうな気持ちを思い留めるための工夫を、目に見えるかたちにするのです。

「今流行の洋服や水着が着られるようになりたい」と思ったら、思い切ってその洋服や水着を買ってしまい、家のなかの目につきやすいところに吊るしておいたらどうですか。たまには試着して、ダイエットの進み具合を確認してみるのもよいかもしれません。

「同窓会までに昔の体型に近づけたい」と思ったら、毎日体重をはかって、壁に貼ったグラフに書き込んでみます。同窓会の日までの短い期間なら、そのくらいのことはできるでしょう。

精神論だけのダイエットは、同じ失敗をくり返すだけです。

Point 8 マンネリにならないような工夫をする

ダイエット失敗の原因が、いつも同じことのくり返しにあったことは十分に考えられます。

あなたが、ダイエットのためにウォーキングをしていたとしましょう。歩くのはそれだけでも単調なのに、いつも同じコースを歩いていたら、もちろん飽きてしまいますね。

飽きずに続けるためには、ちょっとだけ変化をつける工夫をすればよいのです。

たとえば、歩くコースをいくつか持つとか、違う方向に行ってみるとか、ときどき立ち止まって写真を撮ったりスケッチするとか……。ウォーキングだけにしないで、水泳やジョギング、サイクリングなどほかの運動をいろいろ組み合わせることもできます。

食事についても同じことがいえます。毎日毎日、ダイエット・メニューばかりをストイックに続けていたのでは、やはり飽きてしまいます。

あなたが大好きなケーキを我慢していたのなら、週に一度だけ、ダイエットを続けているごほうびにケーキの解禁日をもうけてみてはいかがですか。

もちろんその日は、ケーキをお腹いっぱい食べるということではありませんし、できればケーキよりカロリーの低い和菓子にするほうがよいと思います。

Point 9

毎日、必ず体重計に乗る

始めたことがうまくいっていることを数値で確認することができたら、だれだってもっと続けようという気になります。

ダイエットでいえば、数値で確認するということは、毎日きちんと体重をはかるということです。体重計に乗れば、「私は今、ダイエットをしているんだ」ということを強く意識させてくれますし、体重が確実に減っていることがわかれば、もっとダイエットを続けようと奮い立つことができるでしょう。

体重は朝と夜とでは、夜のほうが五〇〇gぐらい増えているのがふつうです。朝起きてトイレをすませたあとすぐにはかるのが理想ですが、入浴後でも、就寝前でも、とにかく毎日同じ時刻、同じ条件ではかることが望ましいことです。

摂食、排便、排尿、入浴など種々の条件で体重は変化するので、わずかな増減に一喜一憂せず、毎日同じ時刻に体重をはかることを習慣にしましょう。

体重は、毎朝起きてトイレをすませてすぐにはかるのが理想

Point 10

「決して」「必ず」「二度と」「絶対に」という言葉は使わない

「完全を求める人は、ダイエットは成功しにくい」とよくいわれます。真の完全主義者だったら、初めから不摂生な生活はしなかったかもしれませんが、そういう人ほどダイエットに失敗する傾向が強いのです。

失敗のキーワードは、「決して」「必ず」「二度と」「絶対に」です。

「一日の食事は、決して一六〇〇kcalをオーバーしない」

「ウォーキングは、毎日必ず一万歩歩く」

「二度と甘いものは口にしない」

「これからは、絶対にダイエットは失敗しない」……

といったように、さまざまな規律をもうけて、自分のことをがんじがらめにしてしまうのは避けましょう。

きびしい規律や規則は、何日間かは守れるでしょうが、ちょっとしたことがきっかけで破られてしまうと、かえって過剰に反応しがちです。「自分は、こんなことも守れない意志の弱い人間なんだ」と落ち込み、自暴自棄になり、ヤケ食いに走ったりするのです。

きびしい約束事をたくさんつくって、どんなに理性的にふるまおうとしても、食べたい、ラクしたいという素直な感情には簡単に勝てるものではありません。規律をつくることは必要ですが、初めからできもしないことをそこに盛り込まないことが大切です。

いつも一〇〇点満点を目指すのではなく、合格点を六〇点ぐらいにして、「せめて八〇点ぐらいはキープしよう」というように肩の力を抜くように心がけることです。

規律をいくつもつくり、あせってすぐに結果を出そうと計画しても、今までの悪い習慣は、直そうと意識してもすぐに直るものではありません。〝気楽に、気長にダイエット〟というよい習慣を〝上書き〟して気楽にかまえれば、自然と改まるものです。

また、実際六カ月に五～一〇％の減量が最初の目標ですから、あせる必要もありませんね。

規律が守られなかったとしても、長い目で見て、どこかで帳尻を合わせるようにすれば、気持ちがとてもラクになります。自分を苦しめすぎるモードは、初めから捨てたほうがよいでしょう。

ここを見直す食習慣七つのポイント

ダイエットにあたっては、「何を食べるのか」「どのくらいの量を食べるのか」だけでなく、「何から食べるのか」「いつ食べるのか」「どのように食べるのか」も決して見逃せません。これらの事柄をすべて記入できるノートをつくり、毎日記載するのも効果があります。

ダイエットを成功させるためにも、そのあと「二度と太らない」ようにするためにも、ダイエットせざるを得なくなったこれまでの食習慣は、きちんと見直していくことが大切です。

Point 1 食欲を抑える工夫をする

「何から食べるのか」、その順序によって満腹感をコントロールして食べる量を抑えることができます。

私たちの脳の視床下部というところに、満腹中枢とよばれるものがあります。満腹中枢は、血糖値が高くなったときだけでなく、胃袋のふくらみ具合にも反応して、「もう満腹だから食べるのはやめなさい」という指令を出します。

満腹中枢のこの作用を利用して、まずは低カロリーのものから先に食べて胃袋をふくらませ空腹感をやわらげることができれば、カロリーをとりすぎないうちに満腹感を感じることができます。

ペコペコの胃を落ち着かせる低カロリーの食べものは、和食メニューのときは一杯のみそ汁、洋食メニューのときはコンソメスープがよいでしょう（ポタージュスープは、高カロリーです）。

食べる前に水を飲んだり、前菜として寒天やコンニャクなどを上手に料理して最初に食べるというのも効果があります。

食事をする前に、一粒一〇kcalほどの飴を一つなめてあらかじめ血糖値を少し上げるだけでも満腹中枢が働くことは、医学的にもきちんとした根拠があることです。

こうした方法で食欲を抑える作戦は、飴一つだから効果があります。飴をいくつもなめたり、カロリーの高いお菓子を食べたのではむしろ逆効果になりますし、かえって一食あたりの食べる量が増えてしまう人もいますので、そのようなことになったらすぐにやめてください。

Point 2 夜の食事は、できるだけ少なめにする

次は、「いつ食べるのか」という問題です。

昼間はからだをよく動かしますから、しっかり食べても消化吸収されたものをエネルギーとして消費することができます。

しかし夜は、寝ている時間もあるのでエルギーを消費する余地があまりなく、食べたものを効率よく消化吸収しがちです。すい臓からのインスリン分泌も活発になって、体内に入った栄養が肝臓や脂肪組織で脂肪に変わりやすくなります。

別に食べすぎなくても、ラーメン一杯を昼食べたのと夜食べたのとでは太り方が違ってきます。

からだにある胃腸、肝臓、腎臓、心臓、肺といったさまざまな器官は、ふだん私たちが意識をしなくとも、休むことなく働いています。このような器官を支配している司令塔が自律神経で、交感神経と副交感神経の二種類があります。

交感神経は、昼間に心臓や肺などの働きを活発にする働きがありますが、副交感神経は夜に胃腸や肝臓など消化器官の働きを活発にします。

夜の食事は腹八分目に、寝る前の3時間は食べない

昼より夜のほうが、効率よく脂肪として蓄積できるように人のからだは設計されてしまっているのです。

夜の食事はできるだけ少なく、腹八分目ぐらいに抑えたほうがよいというのは、こうした理由によります。

Point 3 寝る前の三時間は食事をとらない

最近は、朝食は抜き、お昼もろくなものを口にしないまま、一日に必要なエネルギーの多くを夕食でとろうという人が多くなりました。とくに忙しく働いている人は、そういった傾向が強いようです。お腹をすかしたまま夕食に突入すれば、間違いなく「ドカ食い」「まとめ食い」になります。

空きっ腹でお酒を飲むとなれば、脂っこかったり塩辛いおつまみが、胃や腸に過剰な刺激を与えます。おつまみでお腹がいっぱいになることはありませんから、飲み終わったあとは決まって小腹がすき、寝る前にラーメン一杯、お茶漬け一杯という誘惑に負けてしまうのです。

夜は、からだを休めるためにあるのに、副交感神経を刺激して消化器官の働きがよくなってしまっては、摂取したエネルギーはすべて脂肪となって脂肪細胞に蓄積されてしまいます。

ダイエットでは朝食、昼食をきちんと食べ、消化器官の働きが活発になる夜の食事は少なめにすることが基本です。とくに夜食は厳禁、寝る前の三時間は絶対に食べないようにしましょう。つらくても、お腹を空っぽにして寝ることです。

もし、夕食から寝るまでに何か食べたくなったら、紅茶やハーブティをいただいたり、お風呂にゆっくり入ってリラックスすることなどもよいでしょう。

食べる誘惑に負けやすい宵っぱりの習慣を改めることができたら、それにこしたことはありません。

Point 4 〝ムラ食い〟をしない

「どのように食べるか」のうち、好きなものを、好きなだけ、好きなときに食べるという、気分次第の食生活をすることを〝ムラ食い〟といいます。

好きなものを好きなだけ、ということになるとストップがかかりにくいために、食べすぎてしまいがちです。お腹がはち切れそうになるまで食べたのに、デザートにおいしそうなケーキを出されると、〝ケーキは別腹〟とつい手が出てしまうものです。これは、理性ではなく素直な感情によるものですから、タチが悪いのです。

好きなときに食べるというのも、論外です。もし朝食や昼食を抜いたりして食事の間隔が長くあいてしまうと、体内で脂肪を蓄えようとする力が大きくなって太りやすくなるからです。

それでは、少しの量を何回にも分けて食べたらどうなるのでしょうか。同じカロリーの食事でしたら、回数をたくさんに分けて食べたほうが太らないことは、実験ではわかっているのですが、実際の暮らしにとり入れるのはむずかしいことです。

もしそれができたとしても、一回ごとの食事の量がつい多くなり、結果的にはカロリーオーバーになる危険性のほうが高くなってしまいます。やはり、三度三度の規則正しい食生活をしないと、ダイエットの足を引っぱることになります。

好きなものを、好きなだけ、好きなときに食べるムラ食いを防ぐよい方法があります。家族で食卓を囲むとき、家族全員分のおかず

を大皿に盛って出さないことです。

とくに大好きなものが大皿に盛られていたら、どのくらい食べたかわからなくなるほど食べすぎてしまいがちです。面倒でも、一人ひとり別々に、食べる分だけを盛りつけて、他のお皿には手を出さないようにすることです。

Point 5 〝ながら食い〟をしない

お友だちとおしゃべりしながら、テレビを見ながら、音楽を聴きながら、本を読みながらと、何かをしながら食べることが〝ながら食い〟です。毎日の暮らしのなかで、ふだんの食事も含めて、気がついたら食べながら何かをしていることって、けっこうありますね。アメリカでは、テレビを見ながら食べることが多い食品のことを〝テレビスナック〟というのだそうです。

〝ながら食い〟の主役は、ポテトチップス、ビスケット、ポップコーン、せんべい、ピーナッツといったスナック類や、簡単に食べられる果物が多いようです。これらは炭水化物や脂肪が多く、油やバターで調理加工されるなど高エネルギーのものがほとんどです。

ながら食いは肥満のもと。
食べることには集中すること

ポテトチップスは約二〇g、ビスケットは二枚半、せんべいは一枚半、ピーナッツは二〇粒、ミカンは五個でそれぞれお茶わん半分のご飯を食べたのと同じエネルギーになってしまいます。

しかも、スナック類や果物は口当たりがよいので手が伸びやすく、食べることに集中しているわけではありませんから、気がついたら食べすぎていたということはよくあります。

ポテトチップス一袋九〇gが空になるのと、ご飯を二杯強も食べてしまうのは同じだということを思うと、恐ろしくなりませんか。

Point 6 すぐ手の届くところにスナック類を置かない

過食というのは、一度に多くの量を食べてしまうことだけではありません。食欲に関係なく、目の前にあるものをつい食べてしまう〝ながら食い〟も、りっぱな過食癖です。

食べものを捨てることには罪悪感があるために、食べ残しにくいスナック類は、いったん封を切ってしまうと袋や箱が空になるまで食べてしまいがちです。

身近にあるとついつい手が伸びてしまうスナック類。食べない我慢より、買わない我慢のほうがしやすい

こうしたながら食いを防ぐには、どうしたらよいのでしょう。

ダイエットの天敵であるスナック類の買い置きをしないこと、買ったものはすぐ手の届くところに置かないこと。
買ったものをすぐ手の届くところに置かないようにするために、買い置きはしないこと。それしかありません。

家のなかにスナック類があるのに食べない我慢と、お店でスナック類を買わない我慢。あなたは、どちらの我慢がしやすいですか。同じ我慢をするなら、しやすい我慢をするほうが長続きします。すぐ手の届くところに食べるものがなければ、食べたくても食べることはできないのです。

過食癖のある人は、初めの数日は食間の空腹感に苦しむでしょうが、一カ月ほど我慢をすれば、間食しなくてもよい生活に慣れることができます。

Point 7 〝早食い〟〝ダラダラ食い〟をしない

肥満の人の食べる姿を見ていると、食べる量が多いのはもちろんですが、食事をあっという間にすませてしまう〝早食い〟や、いつまでもダラダラと食べ続けている〝ダラダラ食い〟が目につきます。

食事のスピードは、幼い頃からの習慣などもあって人それぞれですが、極端に速かったり遅かったりすると肥満につながり、ダイエットをしている人にとっても大敵です。

食べもののなかに含まれる糖質が吸収されて血糖値が上がったり、胃のふくらみを感じると、満腹中枢が「もうこれで、お腹がいっぱいです」というサインを出すので、食べるのをやめます。

この満腹中枢が刺激されて、満腹のサインを出すまでには、少なくても約三〇分かかるといわれています。

ところが、早食いをしてしまうと、この満腹中枢が満腹になったというサインを出す前に多くの量を口に運んでしまい、満腹感を感じたときはすでに手遅れの状態で、食べすぎてしまっていることになります。

ダラダラ食いも、食べることに集中していないので満腹になったことに鈍感になって、つい食べすぎてしまうことがよくあります。早食いもダラダラ食いも、ダイエットに必要な〝食欲のコントロール〟をしにくくする食べ方です。

早食いやダラダラ食いの習慣を改善するために、いつも意識して次のような工夫をするとよいでしょう。

①よく噛んで食べる
②食事が終わったら、さっさと食卓を離れる
③食事には一五～三〇分程度かける
④出来合いのものではなく、手をかけたものを食べる
⑤できるだけ低エネルギーのメニューの数を増やす
⑥できるだけ二人以上で食事をする

このうち、③～⑥は一日三食いつでも、というわけにはいきませんが、①②はいつでもできることです。

とくに①のよく噛む習慣はとても効果があり、医療機関での肥満治療でもひと口あたり三〇回（初めは二〇回）噛みなさいと指導しています。

よく噛むと、食欲を抑えるヒスタミンという物質が分泌されて、食べすぎを防いでくれます。とても面倒なことかもしれませんが、だいたい三〇回ではなく、回数を数えながらきちんと三〇回噛むようにしてみてください。早食いも直ります。

ダイエットのためです。できることは今すぐに始めましょう。身についた悪い食習慣は一日も早く直して、過食の誘惑に負けないようにすることです。

ここを見直す運動習慣八つのポイント

ふり返ってみて、あなたのダイエットがうまくいかなかったのは、食事だけにたよって運動をまったくしなかったか、運動だけにたよって食事をおろそかにしていたということは考えられませんか。食事だけ、運動だけでやせようとしないで、食事と運動を上手に組み合わせることが、ダイエットの原点、成功のポイントです。

「ダイエットに運動が必要なのは、わかっています。でも運動が苦手なので、どうしたら長く続けられるか、そこが知りたいのです」

そんな意見が聞こえてきます。ごもっともです。

では、どうしたらよいかについてふれることにしましょう。

Point 1 運動は必要だが、エネルギーの消費効果を期待しすぎない

私たちが生命を維持するために使うエネルギー（基礎代謝量、安静時代謝量）と生活活動および食事誘導性熱産生に消費する全消費エネルギーは、年齢、からだの大きさ、活動の量などによって違い

ますが、男性が一日二一〇〇kcal、女性が一九〇〇kcalほどです。

しかしダイエット中は、栄養のバランスをきちんととりながら、一日の摂取エネルギーを一六〇〇kcal、小さな女性では一四〇〇kcalを目安に抑えることが必要です。

あなたが、ダイエット中にもかかわらず摂取エネルギーが毎日三〇〇kcalオーバーしているとしましょう。この三〇〇kcalがきちんと消費されないと、体重は一日約六〇～一〇〇g、一カ月で二～三kg増えてしまうということになります。

体重三kgを運動で一気に落とそうとすると、四二・一九五kmのフルマラソンを九回も完走しなくてはいけません。そんなこと、だれにもできません。

運動によって消費されるエネルギーの量は、それほど大きいものではなく、一回のフルマラソンで約二四〇〇kcal、一万歩のウォーキングでもわずか約三〇〇kcalです。

このように効果が少ないのなら、初めから運動なんかする必要はなく、食事だけでダイエットすればよいと思ってしまう人もいるでしょうが、それは間違いです。運動が、消費されるエネルギーを直接増やすということに期待しすぎるのはよくありませんが、運動は必要なのです。

Point 2

ダイエットのつらさは、運動をすれば乗り越えられる

毎日運動をすることは、体脂肪を減らし活動代謝を上げるだけではなく、基礎代謝を上げて消費エネルギーのレベルを高め、太りにくい体質をつくるという意味もあるのです。

運動をすれば心臓や肺の機能が高まり、筋肉量を落とさないようにすることで基礎代謝が活発になり、エネルギーが効率よく消費されます。食事によるダイエットがききやすいからだになるのです。

ダイエットを続ける気力を失って、途中であきらめてしまう人がもっとも多いのは、始めて二～三カ月頃、体重がほとんど減らずに停滞してしまう時期です。摂取するエネルギーが少なくなったことに反応して、からだが消費するエネルギーを減らそうとして起こるもので、このことを「適応（アダプテーション）」ということは前述しました。

肥満治療によって、体重が八〇kgの患者さんが六〇kgを目指してダイエットしていましたが、七二kgになったところで体重計の針

が何週間も変化しないことがありました。
よく調べてみるとこの患者さん、体重が八〇kgに増える前は、何年間もずっと七二kgだったのです。適応現象は、このように長い期間維持してきた体重のあたりでも強くあらわれます。

食事を制限するだけのダイエットをしていると必ず適応現象にぶつかり、ダイエットをあきらめることになります。運動をすれば、からだの代謝を脂肪をつくりにくく変えることができます。適応現象という壁を乗り越えるには、毎日の運動が必要なのです。

Point 3

まとめて一回でも、一回一〇分に分割しても効果に差はない

適応現象を乗り越えるためには、どのような運動でもかまわないのかというと、そうではありません。
運動量からすれば、一日二〇〇~三〇〇kcal程度消費することが必要です。三〇〇kcalというと、ご飯なら一杯半分、ビールなら大ビン約一本分のエネルギー量で、ずいぶん少ないように思われますが、運動で消費するとなるとけっこうたいへんです。しかし、このくらいの運動をしないとダイエットの効果はないのです。

三〇〇kcalを消費するために、どういった運動を、どのくらいの時間すればよいのかをまとめたのが左表です。

炊事・洗濯・掃除などの家事は、二時間行うと約三〇〇kcal消費できます。家事も、マメに動けば運動のうちです。

300kcalを消費する運動量の目安（単位：分）

運動の種類	男性	女性
ウォーキング（70 m／分）	84	105
ハイキング	72	93
サイクリング	63	81
ラジオ体操	63	78
ゴルフ	63	78
なわとび	54	69
テニス	42	54
ジョギング	36	45
水泳	36	45
卓球	36	42
バドミントン	33	42
マラソン	18	24

※休みなく運動を続けた場合の目安となる時間です。途中に休憩を入れた場合にはもう少し時間が必要です。運動は10分ずつに分割しても、1回で行っても効果は同じです。さまざまな運動を組み合わせて、10分ずつ分割して行う工夫をするとよいでしょう。

ダイエットのための運動は、特定の筋肉だけを使ったり短い時間に激しく行うより、ウォーキング、サイクリング、なわとび、水泳など、全身を使うもの、軽く汗ばむ程度のものを長い期間、毎日続けるほうが効果的です。これらの運動を、有酸素運動といいます。

ダイエットというのは、体脂肪を減らすことです。急激な運動をしたのでは、筋肉中のグリコーゲンや血糖（血液中のブドウ糖）がエネルギーとして使われるだけで、肝心の体脂肪がエネルギーとして使われる前に終わってしまうと考えられてきました。

しかし、最近の研究で、一日の運動時間の合計が同じなら、一回一〇分に分割しても、まとめて一回で行っても、減量の効果に差がないことがわかりました。たとえば、一日に一〇分ほどの運動を二回と、あとはエレベーターを使わずに歩いたり、こまめにからだを動かすといった習慣を続けても、目標は達成できます。

なぜ、一回一〇分ほど、毎日一時間からだを動かしたほうがよいといわれているのか、これでおわかりでしょう。

週末だけのゴルフやテニスは、気晴らしにはなりますが、ダイエットの効果はあまり期待できません。

Point 4

暮らしのなかでできるだけからだを動かす

「運動の効果は、三日間続く」という研究報告があります。そうであれば、運動は三日おきにすればダイエットの効果があるといえるでしょう。

しかし、肥満治療の経験からすると、週に五～六日は運動しないと十分な結果が出ませんでした。

毎日運動しなければいけないというのは、たしかに負担ですし面倒なことでしょうが、健康的にやせるためにはどうしても避けて通れないことなのです。

これまで、運動する習慣がまったくなかった人に、「毎日運動しなさい」といっても、できるわけがないことはわかっています。

すぐに運動することがムリでしたら、まずはできることから始めます。運動をしようということをあまり意識しないで、毎日の暮らしのなかでできるだけからだを動かす工夫をしてみましょう。

たとえば、買い物にはいつもはバスやクルマを利用しているけど思い切って歩いてみる、エレベーターやエスカレーターに乗らずに階段を歩く、よく出かける場所へは歩き慣れた道ではなく遠まわりしてみる。そこに、一回一〇分ほど、朝夕二回歩くことを加えましょう。これなら、それほど苦痛ではなく、すぐに始められそうです。

しばらくすると、からだはじっとしているより動かしていないとどこか気持ちが悪いといったモードになり、運動に取り組むきっかけがつかみやすくなります。

ゼロだった状態から一気に一〇〇点満点を目指すより、三〇点、五〇点、七〇点とステップ・バイ・ステップでゴールを目指したほうが、時間はかかりますが成功の確率はかなり高まります。

Point 5

運動は、強すぎず弱すぎず

いよいよ運動に取り組もうとしても、いきなりの強すぎる運動は効果はありませんし、長続きもしません。

早く結果を出したいという気持ちはわかりますが、太っている人にとっては心臓に負担がかかったり、関節を痛めてしまいがちでか

エレベーターやエスカレーターに乗らずに、できるだけ階段を歩くことも効果あり

えってマイナスです。ダラダラした歩きのような弱すぎる運動も、体脂肪が減りませんからダイエットの効果は期待できません。

ダイエットのための運動は、〝耳にタコ〟かもしれませんが、ウォーキング、ジョギング、サイクリング、水泳が適しています。この中でも、とくに少し速めのウォーキングがおすすめです。

その理由として、

①体脂肪を減らすための酸素を必要とする有酸素運動である
②簡単で、楽しみながら長く続けやすい

があげられます。からだを動かすことが苦手な人が本格的に運動（スポーツ）をしようとすると、その技術を身につけることに精一杯で、なかなか楽しむまでにはいきません。

しかしウォーキングは、自分の足でただ歩くだけですので、からだに負荷がかからず、だれでも気軽に始められます。

Point 6

運動すると、体脂肪が減りやすいからだになる

軽度の肥満の人を二つのグループに分けて、一番目のグループは

リズミカルに歩く。足は、つま先をあげてかかとから着地し、足裏でローリングしてつま先で地面を押し出す感じに。腕は、力を抜いてラクにふる

一日一〇〇〇kcalの減食療法、二番目のグループは一日一六五〇kcalの減食療法と二時間の有酸素運動を組み合わせてダイエットを行いました。その結果、一カ月後にはどちらのグループも平均四・五kgの減量に成功していました。

「だったら、運動しなくても、減食だけでいいじゃない」ということになりそうですが、よく調べてみると、運動を組み合わせたグループは、筋肉などの活性組織はほとんど減らずに体脂肪だけが減っていたのに比べて、減食しただけのグループでは活性組織まで減ってしまっていることがわかったのです。そのうえ、運動を組み合わせないグループは一カ月以後は体重が減らず、また、治療をやめたあとの体重のリバウンドが、ほとんどの人に認められました。

有酸素運動は、活動により体脂肪を減らしてくれるだけではありません。消費エネルギーでもっとも大きい基礎代謝量も増やしてくれます。また、減食しても筋肉量が落ちることを防いでくれます。

今まで息を切らして上っていた階段が、ある日から急に、スタスタ上れるようになることがあります。体重が落ちる前から、このような効果が実感できるのです。

また、運動は心臓や肺の機能を高めます。大量の酸素をからだに取り込むことができるようになりますので、運動をすればするほど体脂肪が減りやすいからだに変身することができるのです。

有酸素運動は、体脂肪を減らす以外にも、基礎代謝量を上げるというダイエットに欠かせない効果があるのです。

Point 7

運動は楽しみながら続ける

●「やらないよりはマシ」という軽い気持ちで

ザァザァ降りの雨であろうと、強風が吹こうと、黙々とウォーキングやジョギングをしている人たちを見かけることがあります。過酷な条件のもとでも、何かにとりつかれたように運動を続けている姿勢には頭が下がる思いがします。

しかし、いくらダイエットのためだからといって、自分にどんどん負荷をかけてしまうような運動はとてもつらいものです。運動だって、楽しいという思いがあるからこそ続けられるのです。

スポーツ・ジャーナリストの増田明美さんは、ジョギングが三日坊主にならないコツとして、「走ることが楽しめるコースが三つぐらいあるとよいのでは」とおっしゃっています。

これは、走ることを目的とするのではなく、走ることで何かの楽しみに出会い、走ることがマンネリにならない工夫をすることが必要なことを意味しています。歩行その他の運動でも同じことです。

少しでも長く続けたいのであれば、「やらないよりやったほうがマシ」くらいの気楽な気持ちで始めてはいかがでしょう。天気が悪かったり、体調がすぐれなかったら、ムリはしない。そのくらいの余裕があるとよいのです。

●できるだけ毎日同じ時間に

「ダイエットのための運動は、一日のうちでいつ行うのが効果がありますか?」とよく聞かれます。

いつ運動しても医学的には大きな差はありませんが、もっとも大切なのは、あなたがもっとも運動しやすい時間を選ぶことです。

その日によって、朝だの夜だの、食前だの食後だのとバラバラにならないように、これならムリなく毎日できるだろうという時間を決めてしまうとよいでしょう。

気まぐれや成り行きにまかせていると、あれこれ理由をつけて怠けてしまいがちです。

毎日同じ時間に運動するようにすると、からだがその時間に合わせるように変化して習慣になりやすいのです。

たとえば夕食後は、すい臓から分泌されるインスリンの濃度が高くなって脂肪の合成が進むのですが、そのときに運動することを決めていると、インスリンの濃度はそれほど上がらないので太りにくいといえるかもしれません。

ただ注意したいのは、運動の疲れを翌日に残さないようにすることです。そのためには、欲張った運動はしないこと。入浴や睡眠で、疲れをきちんととることです。

疲れが残っていると、週三回以上の運動はむずかしくなります。どうしても疲れがとれなかったら、ムリをしないで翌日の運動は控えること。毎日運動することがつらかったら、はじめは三日続けたら一日休むというようにしても、まったく問題はありません。

とにかく運動は、体調を整えて、楽しいと感じなければ長続きはしません。

かたちから入る

運動嫌いな人には、聞いただけでもつらいものというイメージをもたれがちなのが運動です。めげずに長く続けるためには、かたちから入るというのも一つの工夫です。

ウォーキングをしたかったら、有名スポーツショップに行って、できるだけ性能のよいウォーキング・シューズ、自分がもっとも気に入ったデザインのウォーキング・ウェアを買ってしまうのです。出費はかさみますが、できるだけ高価な超一流品であればあるほどよいのです。

「せっかくムリをして買ったシューズやウェアなのだから、使わないと損」

その気持ちが、あなたを強く後押ししてくれるでしょう。

ダイエットに効果のある運動は、別にウォーキングだけとは限りません。ジョギング、サイクリング、水泳、エアロビクス体操もありますし、テニスでもバドミントンでもかまいません。

かっこよくて楽しそうな運動ならきっととっつきやすく、長続きするでしょう。

Point 8

食事と運動は必ずセットで行う

大切なのは、運動をまずは習慣にすること、あなたの生活のリズムに運動をとり入れることです。そのあとでダイエットに効果のある運動にシフトすればよいのです。

これまでくり返しふれてきたことですが、大切なことですので、最後にもう一度確認することにします。

食べる量を減らすだけでも、たしかに体重を落とすことはできます。しかし、運動抜きのダイエットでは、体脂肪といっしょに筋肉量までが落ちてしまい、かえって不健康になってしまいます。また、食事だけのダイエットは必ず「適応」にぶつかって減量をやめてしまい、体重のリバウンドの原因にもなります。

いっぽう、好きなものを食べたいだけ食べて、運動だけでやせようとするのも、かなりむずかしいことです。三〇分間ゆっくり走ったとしても、大福一個分のエネルギーを消費できるかどうかといったところです。

運動で消費できるエネルギーは思いのほか少ないので、つい運動がエスカレートしたり、効果がないと挫折しがちです。
体脂肪を消費するために活動代謝量や基礎代謝量を増やす運動は、ダイエットには不可欠なのです。

食事と運動はセットで行うことが、ダイエットの原点であり、成功のポイントです。初めから食事と運動を同じバランスにするのはむずかしいでしょうから、とりあえずは「食事八：運動二」からスタートするのがよいでしょう。そして、目標とする体重になったら、食事制限をゆるめて運動の量を増やすことが、減量した体重をキープする秘訣です。

運動をすれば、食事によるダイエットがききやすいからだになるのです。

おわりに

ダイエットとリバウンドを何回もくり返していると、からだは太りやすくなり、やがては食べることが怖くなって拒食症につながりかねません。

ダイエットとは、単純に「やせること」「減量すること」といった意味で使われることが多いようですが、そうではありません。

余分な体脂肪を減らして病気の原因を取り除き、健康な状態をずっと維持するため、二度と太らない生活習慣を身につけるための手段として行うものなのです。

人間は、もともと太りやすい動物です。多くの人はダイエットと無縁でいられることはないでしょう。

哲学者の三木清は、

「習慣を変えられるのは、理性ではなく習慣である」

といっています。

太ってしまった悪い習慣を頭で変えようとしてもすぐに変えられるものではありませんし、堅苦しく考えたり悲観的になってしまうと、かえってストレスがたまってしまいます。

よい習慣が身につけば、悪い習慣は必ず改善されるものだということです。

せっかくよい習慣を身につけたのでしたら、ぜったいにくずしたくありません。

健康であってこそ人生は楽しいものです。健康を維持しようという前向きな姿勢がある限り、そこに肥満という不健康が入り込む余地はありません。

残念ながら、〝究極のダイエット法〟というサプライズはありません。どうしても時間がかかってしまいますが、正しい減食と運動とをセットにした〝ダイエットの原点〟に戻らなければ、体脂肪を減らして健康になることはできないのです。

「ダイエットのことをもっともよく知っているのは、太っている人だ」

そんな皮肉めいた言い方をされないように、失敗ばかりしているダイエットは、もうこのあたりでおしまいにしましょう。

二〇〇六年一〇月

●監修者紹介

井上修二（いのうえ・しゅうじ）

医学博士／共立女子大学家政学部教授（臨床栄養学）。聖マリアンナ医科大学・昭和大学医学部・杏林大学医学部客員教授。専門分野は、内分泌代謝学（肥満・糖尿病）、栄養学。日本肥満学会理事（前理事長）、日本臨床生理学会理事、日本体質医学会理事、日本糖尿病学会・日本内分泌学会・日本臨床栄養学会評議員。

1938年4月生まれ。東京大学医学部医学科卒業。65年 東京大学医学部第二内科助手。73～76年米国UCLA留学。78年米国内分泌学会会員。81年横浜市立大学医学部第三内科助教授。86年米国糖尿病学会会員。94～99年国立健康・栄養研究所老人健康・栄養部部長。99年～2000年国立健康・栄養研究所特別客員研究員。

著書・監修書（一般図書）／『中性脂肪を減らす簡単メニュー』（成美堂出版）、『食べて治すお料理大百科』（主婦と生活社）、『肥満症テキスト 正しい知識とダイエットクリニック』（共著 南江堂）、『肥満の臨床医学』（朝倉書店）、『肥満－基礎と臨床』（医薬ジャーナル社）、『お医者さんが書いたダイエットの本』（保健同人社）など。

装丁・本文デザイン●片岡大昌

イラスト●三好貴子

編集・文●株式会社コーネル
（小野博明）

企画●オフィス・ユー

●参考文献

『肥満症テキスト　正しい知識とダイエットクリニック』井上修二共著（南江堂）／『お医者さんが書いたダイエットの本』井上修二著（保健同人社）／『ヤセる常識 太る非常識』井上修二著（永岡書店）／『痩せるNO.1理論』西田文郎監修・西田一見著（現代書林）／『歩いて治す生活習慣病』泉嗣彦著（旬報社）／『できる男の知的ダイエット』荒牧麻子著（旬報社）／『ジュニアダイエット』渡部満利子著（岩波書店）／『NHK きょうの健康』2006・6月号（日本放送出版協会）

元気で生きる

危ない！

そのダイエットはやめなさい

博士が明かす成功法則

2006年11月28日　初版発行

監修者　井上修二
発行者　柳原浩也
発行所　柳原出版株式会社
〒615-8107　京都市西京区川島北裏町74
☎075（381）2319
印刷・製本　大村印刷株式会社

http://www.yanagiharashoten.co.jp/
Printed in Japan
ISBN4-8409-4106-8 C0347